El sabor de la libertad

La historia de la sopa Joumou y el legado global de Haití

Jumel Pluviose

Índice

Reconocimientos   vii

Prefacio   ix

Una nota del autor   1

Introducción—Un tazón que cambió el mundo   3

Prólogo: Cadenas en la caña de azúcar—El regalo de Haití para el Mundo   5

1. Cadenas en la caña de azúcar: El camino hacia 1804   7

2. Convirtiéndose en Haitiano y su legado   19

3. 1 de enero de 1804: El día en que Haití respiró libre   33

4. La sopa de los amos   38

5. La República de valentía   43

6. El refugio de Bolívar y el nacimiento de América Latina   48

7. Extendiendo la libertad por toda la isla   56

8. Marcus Garvey y el llamado al orgullo   61

9. Mandela y el largo camino hacia la libertad   64

10. De Haití a India: Una onda a través de los mares   68

11. La mano amiga de Haití: Ayudando a las naciones cerca y lejos.   72

12. Los afroamericanos y la herencia de la victoria de Haití   77

Después de que cae la bandera: El balance del Imperio, su control, y nuestra contraestrategia   82

Conclusión—El sabor que compartimos   94

Escritura ceremonial: Bendición de la sopa Joumou   97

Notas   107

Receta de Sopa Joumou (La sopa de la libertad)   109

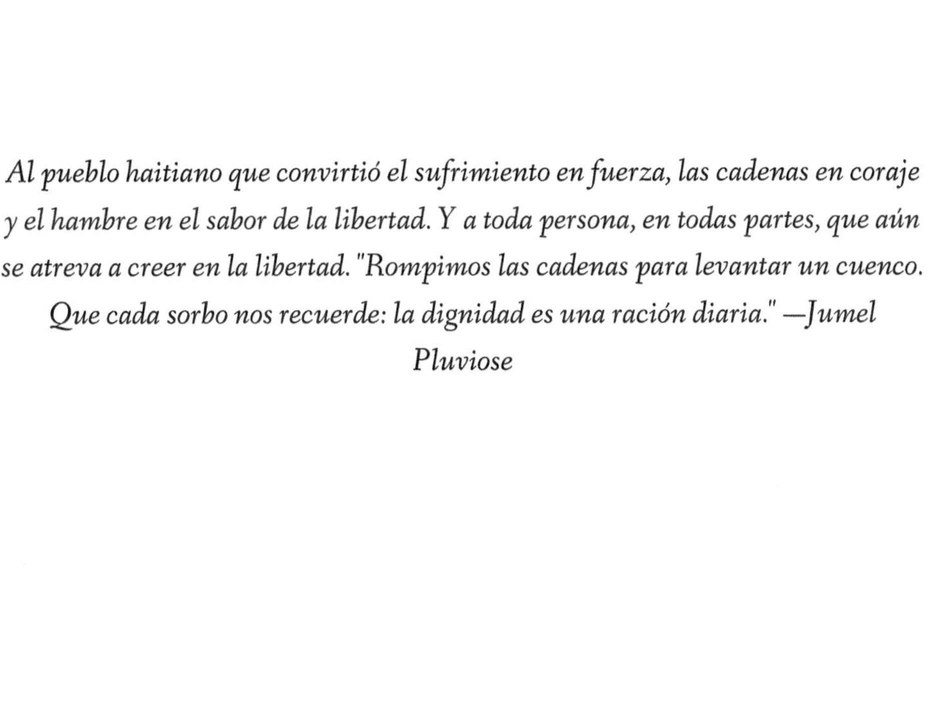

Al pueblo haitiano que convirtió el sufrimiento en fuerza, las cadenas en coraje y el hambre en el sabor de la libertad. Y a toda persona, en todas partes, que aún se atreva a creer en la libertad. "Rompimos las cadenas para levantar un cuenco. Que cada sorbo nos recuerde: la dignidad es una ración diaria." —Jumel Pluviose

Reconocimientos

Este libro no podría haberse completado sin la confianza, la sabiduría y el apoyo de quienes creen en el poder de la historia de Haití.

A mi familia, gracias por mantener la fe en mí mientras perseguía esta visión.

A mis amigos y colegas que compartieron ideas y consejos, sus palabras me impulsaron a seguir adelante cuando el camino parecía largo.

Y para el pueblo haitiano, pasado y presente, son el corazón de este proyecto.

Prefacio

La historia de Haití suele contarse en fragmentos: tragedia aquí, pobreza allá, una breve mención de la revolución en los libros de historia. Pero rara vez se celebra el regalo completo de Haití al mundo.

Este libro está hecho para cambiar eso.

El sabor de la libertad no se trata solo de la independencia de Haití en 1804, sino también de las formas en que la libertad se extendió a Sudamérica, África, Estados Unidos y más allá. En el centro de todo hay un tazón de sopa Joumou, un plato que lleva el recuerdo de la victoria y el sabor de la esperanza.

Esta es una historia de lucha y triunfo, pero también un recordatorio: la llama de Haití no ardió solo por sí misma. Abrió un camino para las naciones de todo el mundo.

Una nota del autor

Mi nombre es Jumel Pluviose, y este libro es tanto una historia como una invitación. Como haitiano, llevo el orgullo de una nación que se atrevió a luchar por la libertad y ganar contra probabilidades imposibles. La sopa Joumou es más que comida. Es una memoria, es una victoria, y es un recordatorio de que la libertad debe compartirse.

En estas páginas, los invito a viajar conmigo a través de las luchas, triunfos y el legado que transmitió al mundo. Espero que cuando termines de leer, no solo conozcas la historia de Haití, sino que la sientas y tomes acción.

Introducción—Un tazón que cambió el mundo

de Jumel Pluviose

El 1 de enero de 1804, el mundo cambió para siempre.

Ese día, el pueblo de Haití—antes esclavizado, golpeado y privado de su humanidad—se levantó para declarar su independencia. Habían hecho lo que ninguna otra nación de esclavizados había hecho jamás: derrotaron a los ejércitos de Napoleón, humillaron al imperio más grande de la época y dieron origen a la primera república negra libre del mundo moderno.

Y esa mañana, marcaron su libertad de una manera humilde y profunda: con un tazón de sopa.

No era una sopa cualquiera. Era sopa Joumou, una sopa de calabaza rica y dorada, antes reservada para los amos y prohibida para los esclavos. Beberla bajo la esclavitud era impensable. Pero al comienzo de la libertad, los haitianos la reclamaron como propia. La preparaban en grandes ollas de hierro, la servían en tazones y la compartían como un solo pueblo, una sola nación. Esa sopa era más que comida. Era una declaración: Somos libres. Somos humanos. Y nunca volveremos a estar encadenados.

Durante más de dos siglos, los haitianos han mantenido este ritual. Cada día de Año Nuevo, levantan un tazón humeante de sopa Joumou para honrar el costo de su libertad y recordar a cada nueva generación el valor que hizo falta para ganarla.

Pero la historia de Haití no se quedó dentro de sus fronteras. La revolución envió ondas por todo el mundo: inspiró a africanos esclavizados en América, alimentó el sueño de Bolívar de independencia en Sudamérica, reflejó el llamado al orgullo de Garvey, fortaleció la lucha de Mandela contra el apartheid, e incluso llegó hasta el largo camino de la India hacia la libertad.

Este libro es mi intento de compartir esa historia, no solo como historia, sino como memoria viva. Una historia transmitida por el aroma de la sopa Joumou, por la fuerza de un pueblo que se negó a darse por vencido y por el legado que sigue inspirando a los amantes de la libertad en todas partes.

Mientras lees estas páginas, te invito a sentarte conmigo en la mesa de Haití. Imagina el calor de la sopa en tus manos, las voces de los antepasados en tus oídos y la verdad inquebrantable en tu corazón: la libertad, como la sopa Joumou, está hecha para compartirse.

— *Jumel Pluviose*

Prólogo: Cadenas en la caña de azúcar—El regalo de Haití al mundo

Un preludio a la libertad

En el siglo XVIII, la colonia caribeña de Saint-Domingue brillaba como la joya más rica de la corona francesa. Su suelo fértil y clima tropical la convirtieron en la colonia más productiva del mundo, inundando Europa de azúcar, café e índigo. Los salones parisinos y las cortes reales cenaban dulcemente con el sudor y la sangre de una isla lejana.

Pero bajo la riqueza había una crueldad inimaginable. Medio millón de africanos esclavizados trabajaron en los campos de caña y café, sus vidas medidas no en años sino en ganancias. Los capataces empuñaban látigos; Las cadenas tintineaban más fuerte que las campanas de iglesia. La persona esclavizada promedio sobrevivía solo siete años después de su llegada. Las mujeres daban a luz en esclavitud, los niños abrían los ojos a las cadenas y la rebeldía era respondida con fuego y sangre.

Sin embargo, incluso en la oscuridad, el espíritu humano perduraba. Por la noche, en rincones ocultos, los esclavos cantaban canciones africanas. Tocaban tambores que llevaban recuerdos. Trenzaban esperanza en el cabello.

Rezaban a espíritus disfrazados de santos, manteniendo viva la dignidad que sus amos intentaban borrar.

De este suelo de sufrimiento surgió el sueño más radical del mundo: la libertad para todos.

En agosto de 1791, se encendió una chispa en Bois Caïman, donde hombres y mujeres esclavizados, guiados por el sacerdote vudú Dutty Boukman y la sacerdotisa Cécile Fatiman, juraron lealtad hasta que la esclavitud dejara de existir. Siguieron trece años de fuego, mientras líderes extraordinarios como Toussaint Louverture, Jean-Jacques Dessalines y Henri Christophe transformaban a los rebeldes en revolucionarios.

Para el 1 de enero de 1804, lo imposible se había hecho realidad: Haití rompió las cadenas de la esclavitud, derrotó a los ejércitos de tres imperios y se declaró la primera república negra del mundo moderno.

Esto no fue solo una victoria haitiana; Fue un regalo para la humanidad. Haití demostró que los esclavos no solo podían ascender, sino también transformar el mundo. Su revolución encendió fuegos de libertad a través de varios continentes, inspirando a Bolívar en América Latina, abolicionistas en Estados Unidos, luchadores por la libertad en África y visionarios como Gandhi.

Y cada año desde entonces, los haitianos han marcado su independencia no solo con palabras, sino con la sopa Joumou—antes prohibida a los esclavos, ahora un sabor sagrado de libertad.

Esta es la historia de esa revolución, de esa sopa, y del espíritu inquebrantable de un pueblo que declaró, para todas las generaciones venideras:

"Somos libres y nunca volveremos a ser esclavos."

Capítulo 1

Cadenas en la caña de azúcar: El camino hacia 1804

La colonia más rica del mundo

A finales del siglo XVIII, la isla caribeña de Saint-Domingue, hoy conocida como Haití, brillaba como una joya en la corona colonial francesa. Se llamaba *"La Perla de las Antillas."*

El fértil suelo volcánico de la isla y su frondoso clima tropical la convirtieron en uno de los lugares más productivos del mundo. La tierra rica y oscura producía caña de azúcar tan dulce que era valorada por encima de todas las demás, mientras que sus laderas montañosas de gran altitud ofrecían el ambiente perfecto para cultivar plantas de café. Las suaves llanuras costeras cultivaban el índigo y el algodón, mientras que las lluvias constantes y el sol durante todo el año creaban un ciclo de cosechas interminables.

La naturaleza había convertido a Saint-Domingue en un paraíso de abundancia, y Francia convirtió esa abundancia en ganancia.

- La colonia producía el 60% del café mundial y el 40% del azúcar, alimentando la insaciable demanda europea.
- Sus tierras de caña de azúcar, plantaciones de café y plantaciones de índigo vertieron una riqueza inimaginable en la

economía francesa, enriqueciendo a los comerciantes y
alimentando el lujo europeo.

* Barcos cargados de azúcar, café y algodón salían de sus
puertos a diario, endulzando té en Londres, dando sabor al
chocolate en Madrid y llenando las tesorerías de Versalles.

Esta belleza impresionante y la generosidad natural se construyeron sobre una base de crueldad tan profunda que incluso sorprendió a algunos en su tiempo. El paraíso se convirtió en prisión para los africanos esclavizados que trabajaban la tierra: su sudor, sangre y vida eran la verdadera moneda detrás de la deslumbrante riqueza de Saint-Domingue.

Vida en los campos de caña de azúcar

Detrás del brillo de la riqueza de Saint-Domingue se alzaba una población dividida en crueles divisiones:

* 500.000 africanos esclavizados—la columna vertebral de la
colonia, pero despojados de todos sus derechos.
* 40.000 blancos—plantadores, comerciantes y
capataces franceses que vivían del trabajo de otros.
* 30.000 personas de color libres—artesanos, terratenientes
y antiguos esclavos navegando la frágil línea entre
privilegio y prejuicio.

Para los esclavos, la vida no era vida en absoluto; era una sentencia de trabajo interminable y terror diario.

Desde la primera luz del amanecer hasta mucho después del atardecer, hombres, mujeres e incluso niños se inclinaban bajo el sol caribeño. Cortaban tallos de caña de azúcar afilados como navajas que les cortaban las manos y los brazos. El sudor les caía en los cortes abiertos, quemando como fuego. Cada día era el mismo ciclo: plantar, cortar, cargar, triturar caña y hervir jugo en calderos tan calientes que les ampollaban la piel y le quemaban los pulmones con cada respiro.

Los supervisores patrullaban con látigos, y una pausa, incluso para secarse el sudor o beber agua, podía provocar latigazos que arrancaban la piel de la espalda.

La crueldad no era accidental; era sistemática. Los fugitivos fueron perseguidos con perros. Los rebeldes eran torturados, mutilados o ejecutados en público para aterrorizar a otros y someterlos. Las mujeres embarazadas eran forzadas a entrar en los campos; sus hijos no nacidos cargaban con el peso de la esclavitud antes incluso de respirar. Los bebés no nacían con esperanza, sino en cadenas.

La lucha era tan implacable que el africano esclavo promedio sobrevivía solo siete años después de su llegada. La muerte no era un miedo lejano, sino una sombra constante. Los plantadores lo sabían, así que los barcos africanos seguían llegando, descargando nueva carga humana para reemplazar a los que habían trabajado hasta la muerte.

Saint-Domingue brillaba como la joya de Francia, pero su brillo se iluminaba con fuego y sangre. Cada cucharada de azúcar que endulzaba una taza europea de té tenía el sabor del sufrimiento. Cada saco de café que salía de los puertos estaba empapado en lágrimas humanas.

Nota del autor—Nombrándonos

Para mis antepasados, la vida era un infierno eterno en la tierra: cazados en África, encadenados, enjaulados en el mar y luego "liberados" solo en plantaciones que devoraban aliento y nombres. Algunos fueron llevados al infierno; otros nacieron dentro de él. El látigo les cortó la espalda, pero no la memoria. En la oscuridad, pasaron agua, una canción, una promesa—y de esa promesa surgió nuestra libertad, y mi deber de recordar, de hablar, de rechazar las cadenas—cualquier cadena, en cualquier lugar.

—Jumel Pluviose

Espíritus que no podían ser quebrados

A pesar de las cadenas, a pesar de los latigazos, a pesar de la crueldad de los campos de caña—el espíritu de África vivió en Saint-Domingue.

En las horas oscuras después del atardecer, cuando los capataces se retiraban a sus casas, hombres y mujeres esclavizados se reunían en rincones secretos de plantaciones o en lo profundo del bosque. A la luz de la luna, cantaban canciones de sus tierras natales, sus voces resonando a través de la noche como ecos de África. Tocaban tambores cuyos ritmos contaban historias de tristeza y esperanza. Trenzaban el cabello en patrones que trazaban raíces ancestrales y susurraban palabras en lenguas que sus amos no podían entender.

Sobre todo, practicaban el Vudú.

El Vudú no era simplemente una religión; era memoria, cultura y resistencia entrelazadas. Combinaba las tradiciones de África Occidental y Central con símbolos del catolicismo. Donde los franceses forzaron el bautismo, los esclavos vieron conexiones. El espíritu *africano Erzulie*, madre del amor y la protección, estaba vinculado a la Virgen María católica. *Ogou*, espíritu de hierro y guerra, estaba junto a la figura del Santo Santiago. Para los plantadores, eran devociones cristianas; para los esclavos, eran máscaras que ocultaban su verdadera fe a simple vista.

Las reuniones de Vudú eran más que ceremonias espirituales. Eran actos de desinfección silenciosa. El círculo de bailarines se convirtió en un círculo de unidad. Las oraciones no solo eran por la supervivencia, sino por la libertad. A través del Vudú, los esclavos mantuvieron viva la memoria de África, la dignidad de sus antepasados y la visión de una vida más allá de las cadenas.

Fue en estas reuniones secretas donde los susurros de rebeldía se convirtieron en palabras y las palabras en planes. De boca a boca, el sueño de libertad se extendió como fuego por los campos de caña. Los amos creían haber quebrantado al pueblo de Saint-Domingue. Pero en realidad, la gente solo se doblaba como la caña de azúcar, esperando la tormenta que se levantaría.

La chispa—agosto de 1791

Una húmeda noche de agosto de 1791, lejos de los ojos de los plantadores, cientos de hombres y mujeres esclavizados se reunieron en un claro boscoso conocido como Bois Caïman, en lo profundo de las colinas del norte de Saint-Domingue. El aire estaba cargado de anticipación, miedo y la sensación de que la historia misma se inclinaba para escuchar.

En el centro se encontraba Dutty Boukman, un hombre imponente de origen jamaicano, en su día esclavizado, ahora temido por los franceses tanto como sacerdote Vudú como estratega.

A su lado estaba Cécile Fatiman, una sacerdotisa Vudú cuya voz resonaba como un trueno en la noche.

La gente formó un círculo. Los tambores retumbaban, resonando con el latido de África a través del oscuro bosque. Antorchas iluminaban rostros tallados tanto con dolor como con desvanecimiento. Un cerdo negro fue sacrificado, su sangre mezclándose con la tierra—un símbolo de que la libertad se ganaría a través de la lucha, y que la propia tierra era testigo.

Allí, bajo el dosel de árboles y estrellas, Boukman hizo un juramento: hasta que no quedara ningún esclavo en Saint-Domingue. Cécile Fatiman llamó a los espíritus—los *lwa*—para bendecir su causa, para dar fuerza a sus brazos y valor a sus corazones. La multitud alzó la voz en un rugido de unidad.

Esa noche, el miedo se transformó en fuego. La señal estaba lista. En pocos días, los cañazos ardían como antorchas contra el cielo nocturno.

Los ingenios de azúcar, que antes eran motores de producción, fueron reducidos a escombros. Los esclavos convirtieron el machete, que antes fue la herramienta de la esclavitud, en el arma de liberación. Las plantaciones que habían sido símbolos de la riqueza francesa se convirtieron en las primeras víctimas de la furia de la libertad.

La revolución había comenzado.

De la revuelta a la revolución

Los plantadores franceses, arrogantes en su poder, creían que la revuelta duraría solo unas semanas. No podían estar más equivocados.

Lo que comenzó como un levantamiento local se convirtió en la mayor revolución que el mundo había visto jamás. Durante trece años, los esclavos lucharon incansablemente, no solo contra Francia, sino contra España y Gran Bretaña, quienes enviaron ejércitos para apoderarse de la colonia.

De los campos de caña y las montañas surgieron líderes extraordinarios.

- Toussaint Louverture: el brillante estratega que superaba a los generales entrenados en Europa.

  - *Lo que le hizo extraordinario:*
    - Convirtió a las bandas de plantaciones en regimientos disciplinados y dominó tácticas de guerrilla de montaña.
    - Cambió de alianzas astutamente (España → Francia tras la emancipación de 1794) para mantener viva la abolición.
    - Expulsó a los británicos (1798) y reabrió el comercio para financiar el esfuerzo de guerra.
    - Emitió la Constitución de 1801: la esclavitud abolida para siempre; el autogobierno afirmado.

- Jean-Jacques Dessalines: Feroz e inflexible, llevó la guerra a su victoria final.
  - *Lo que le hizo extraordinario:*
    - Lideró una campaña agresiva que rompió la fuerza expedicionaria de Napoleón.
    - Ganó la decisiva Batalla de Vertières (18 de noviembre de 1803) y forzó la capitulación francesa.
    - Proclamó la independencia en Gonaïves (1 de enero de 1804), fundando Haití.

- ■ Reorganizó el ejército y aplicó políticas de tierras y producción para evitar la vuelta de la esclavitud.

- Henri Christophe: ascendió de la esclavitud al mando con disciplina de hierro.
  - ■ *Lo que le hizo extraordinario:*
    - ■ Fortificó el norte con la monumental Ciudadela Laferrière y carreteras estratégica para disuadir a la invasión.
    - ■ Construyó un ejército profesional y un sistema de mérito; más tarde estableció un reino para estabilizar el gobierno.
    - ■ Impulsó reformas educativas y laborales ("Código

      Henry") y obras públicas que demostraron la capacidad del estado.

Ellos lucharon con poco más que valor, armas robadas y el conocimiento inquebrantable de que la captura significaba la muerte o algo peor.

Mediante alianzas astutas, guerra de guerrillas y pura voluntad, estos hombres y mujeres hicieron lo que ningún pueblo esclavo había hecho antes: derrotaron a tres imperios.

La revolución de Saint-Domingue no fue solo una revuelta contra la esclavitud; fue el nacimiento de una nueva idea: que los esclavos no solo podían resistir, sino también ganar y reclamar la plena dignidad de la libertad y los derechos humanos.

Nota del autor: Sobre el poder y su reversión

Las fuerzas dominantes rara vez gobiernan solo con ideas. Empuñan tres armas confiables: ejércitos, crear miedo y una historia que dice que el control es necesario. El error de todo imperio es creer que estas herramientas son permanentes, olvidando que el poder puede revertirse, o al menos equilibrarse, cuando la gente recupera su voz.

La libertad, la dignidad y la vida auténtica no desaparecen de inmediato; Se debilitan cuando se insta a los dominados a "confiar", a "esperar", a "ir con el "ay". El cumplimiento se convierte en costumbre. La costumbre se convierte en silencio. El silencio se convierte en política.

La salvaguarda es la vigilancia unida al valor: cuestionar la historia, rechazar el miedo prestado y organizarse para la protección y la prosperidad mutuas. El poder no es un recurso natural que poseen unos pocos; Es un acuerdo humano que puede ser revisado.

Esta obra recuerda a un pueblo que la revisó de forma decisiva. Que su ejemplo advierta a los cómodos y anime a los cansados: la dominación no es destino; el equilibrio es posible; la libertad es una práctica.

1 de enero de 1804—Proclamación de libertad

La ciudad de Gonaïves despertó a hacer historia.

Tras trece años de fuego, sacrificio y lucha inquebrantable, el general Jean-Jacques Dessalines se presentó ante sus generales y el pueblo de Saint-Domingue. A su alrededor había hombres que antes trabajaban encadenados, ahora vestidos de soldados y comandantes, con cicatrices brillando como medallas de supervivencia.

El aire llevaba el peso de siglos de sufrimiento y la electricidad de algo que el mundo nunca había visto.

Con solemne fuerza, Dessalines declaró: "Nos hemos atrevido a ser libres. Seamos así por nosotros mismos y para nosotros mismos."

En ese instante, nació Haití. No solo una nueva nación, sino una revolución en la historia humana:

- La primera república negra del mundo moderno.
- La primera nación en abolir permanentemente la esclavitud.
- La primera en romper la supremacía blanca por la fuerza, demostrando que la libertad no era un privilegio de Europa, sino un derecho de toda la humanidad.

Para los que antes estaban esclavizados, el 1 de enero era más que un cambio de calendario. Era el primer amanecer en el que ya no se les contaba como propiedad, sino como personas—libres, soberanas, inquebrantables. Las madres sostenían a sus hijos, sabiendo que nunca serían vendidos. Hombres y mujeres abrazados, ya no atados al látigo. La propia tierra pareció exhalar.

El primer sabor de la libertad

En ese mismo Día de la Independencia, no solo se proclamó la libertad, sino que se saboreó.

Durante siglos, la rica sopa de calabaza conocida como sopa Joumou, espesa con carne, verduras y especias había estado reservadas para la élite colonial blanca. A los africanos esclavizados, que cultivaban y cocinaban sus ingredientes, se les prohibía siquiera probar una cucharada.

El 1 de enero de 1804, el pueblo de Haití se reunió para prepararse la sopa Joumou para sí mismos. En las cámaras abiertas, en macetas de barro, hervían a fuego lento lo que antes se negaba.

Familias y vecinos compartían cuencos humeantes, alzando el plato prohibido a sus labios en señal de celebración.

Era más que una comida. Era una declaración. Una revolución culinaria.

Un sacramento de libertad. Cada sorbo era una victoria. Cada tazón, un recordatorio:

La libertad debe ser alimentada. La libertad debe compartirse.

Y así, año tras año, generación tras generación, los haitianos han continuado este ritual. Cada día de Año Nuevo, la sopa Joumou es bendecida, preparada y compartida no solo como comida, sino como símbolo vivo de la verdad inquebrantable nacida en 1804:

"Somos libres y nunca volveremos a ser esclavos."

Capítulo 2

Convertirse en haitiano y su legado

El 1 de enero de 1804, las personas que habían sido esclavizadas se levantaron como algo que el mundo nunca había visto antes: haitianos. Saint-Domingue abandonó el nombre de la plantación y recuperó Ayiti—la tierra montañosa—su primer nombre pronunciado por los taínos. Cayeron cadenas; un pueblo se levantó. Ya no eran propiedad, entraron en el mundo como ciudadanos con dignidad, voz y nombre.

Ser haitiano no era solo liberarse de un amo; era ser libre para algo: para hacer la ley, para guardar la memoria, para defenderse mutuamente. La independencia proclamada en Gonaïves, y las primeras constituciones que siguieron, hicieron más que prohibir la esclavitud para siempre; anunciaron un orden moral: El valor humano no puede comprarse, venderse ni medirse en azúcar y café nunca más. Desde ese día, la identidad no se transmitía desde un castillo ni un barco; fue forjada en la tierra, en Kreyòl, bajo el cielo abierto, con una placa de bandera cosida para todos.

Pilares de la identidad haitiana (una carta de trabajo)

- Libète (Libertad)—ganada, conservada y compartida.

    ○ La libertad no es un favor; Es un pacto. Los haitianos tratan la libertad como una herencia y un deber.
- Diyita (Dignidad).
    ○ Un haitiano es una persona antes de cualquier precio o rango. Cabezas en alto, incluso cuando los bolsillos están vacíos.
- Konbit (Trabajo colectivo).
    ○ Construimos juntos—ilos campos despejados, casas levantadas, *llevamos las cargas juntos*. La comunidad es la primera defensa contra el hambre, la tiranía y el olvido.
- Memwa (Memoria).
    ○ Guardamos nombres, canciones y fechas. Llamamos a los antepasados para que nuestros hijos no vivan como si fueran los primeros en sufrir o los primeros en tener esperanza.
- Lang Kreyòl (Lenguaje).
    ○ Hablar Kreyòl es situarse dentro de nuestra historia y hacerla presente. Es la casa donde todos encajan.
- Lakay / Lakou (Pertenencia).
    ○ No solo un patio, sino una visión del mundo: respeto por los mayores, espacio para los niños, cuidado por el desconocido que llega a la puerta.
- Fwa / Spirityalita (Fe).
    ○ Una fe entrelazada—campanas de iglesia y tambor juntos—donde la oración y el valor se encuentran.

- Respè (Respeto).
  - Por la tierra, la bandera, la mesa y por los demás. El respeto convierte la supervivencia en sociedad.
- Rezistans kreyatif (Resistencia creativa).
  - Desde tambores hasta poesía y sopa, convertimos heridas en obras—la belleza como rebeldía.

Un Credo Haitiano (para ceremonias de apertura o epígrafes de capítulo)

- Somos las personas que acabamos con la esclavitud por nosotros mismos.

  - Llevamos a nuestros muertos en nuestra memoria y a nuestros seres vivos en nuestros brazos.
  - Hablamos kreyòl para que todas las voces puedan mantenerse en pie.
  - Trabajamos con Konbit para que nadie esté solo.
  - Protegemos la libertad y la compartimos—como la sopa el primero de enero.
  - Nou se Ayisyen: diyite nou pa vann.

    Nota: Símbolos que llevan la identidad

  - Sopa Joumou: libertad recordada como alimento—libertad que puedes saborear.
  - Bandera y lema: unidad hecha a partir de la lucha; "La unión hace la fuerza" vivía, no solo se decía.
  - Primero de enero: no solo una fecha—nuestra renovación anual del voto de "nunca más".

Frederick Douglass: El testigo de la dignidad
Escena de la ceremonia

La música se suaviza. Una voz se eleva, suave y profunda, del siguiente orador—el representante afroamericano. Lleva un traje negro a medida con un sutil forro de tela kente, un enlace entre la América negra y el legado de África. Al acercarse al micrófono, coloca suavemente la mano derecha sobre el atril, luego se detiene. La habitación se queda en silencio.

"En cada rincón de la diáspora africana, el nombre de Haití es sagrado. No esperaste permiso para ser libre. Lo exigiste. Luchaste por ello. Lo ganaste. Y al hacerlo, nos diste a todos una hoja de ruta. Antes de que los hombres negros pudieran llevar el uniforme del ejército de los Estados Unidos, antes de que pudiéramos votar, antes de que nos vieran como ciudadanos, ya habías demostrado lo que es la dignidad."

Levantó lentamente un vaso de sopa Joumou y dijo: *"Hoy, levanto este tazón sagrado en honor a Haití, la primera república negra del mundo, y que sigue siendo el corazón palpitante de la liberación negra."*

El público se levanta en una silenciosa ovación de pie, no ruidosa, sino reverente. Porque cada palabra que siga resonará con una verdad más profunda: sin Haití, el propio camino de Frederick Douglass quizá nunca habría ocurrido.

De las cadenas a la voz

Nacido en la esclavitud en Maryland en 1818, Frederick Douglass nunca supo la fecha exacta de su nacimiento. Fue separado de su madre cuando era un bebé y creció en condiciones brutales. De niño, le enseñaron que no tenía futuro, ni derechos, ni ser.

Pero aprendió a leer, lo cual es un acto peligroso en el sur de Estados Unidos. A través de libros y una educación secreta, empezó a despertar. A los veinte años, Douglass escapó de la esclavitud y se dirigió al norte del país. Allí, transformó su supresión en un arma: su voz.

Se convirtió en uno de los oradores más poderosos del siglo XIX, viajando por Estados Unidos y Europa, dando discursos que rompieron los mitos de la supremacía blanca y la cobardía moral de la esclavitud.

Pero a medida que alcanzaba la fama, Douglass nunca olvidó, ni ignoró, la influencia de Haití.

El embajador hacia la libertad

En 1889, el presidente Benjamin Harrison nombró a Frederick Douglass como Ministro Residente y Cónsul General de Estados Unidos en Haití, siendo el primer afroamericano en ocupar tal cargo.

Llegó no como un desconocido sino como un admirador. De hecho, Douglass había elogiado durante mucho tiempo la Revolución haitiana como uno de los acontecimientos más importantes de la historia moderna: *"Haití es el pionero emancipador original del siglo XIX. Fue su ejemplo el primero que sorprendió al mundo cristiano y le hizo sentir la injusticia de la esclavitud."*

Como embajador, Douglass visitó los lugares donde Toussaint Louverture llegó a comandar y donde Dessalines había declarado su independencia. Llamó a Haití: *"Un país de hombres negros, y el primero en ascender de la esclavitud a la libertad por su propia mano."*

Pero su trabajo como diplomático no fue fácil. En aquel momento, el gobierno estadounidense, dominado por oficiales blancos, tenía poco respeto por Haití. Cuando Estados Unidos intentó forzar a Haití a ceder parte de su territorio, Môle Saint-Nicolas, para construir una base naval, Douglass se resistió. Lo veía como imperialismo, no diferente a las antiguas ambiciones coloniales contra las que Haití había luchado en el siglo XIX.

Cuando las tensiones aumentaron, Douglass renunció en señal de protesta. En su discurso final, declaró: *"En lo que sea correcto, Haití es mi país. Y cuando regrese a mi hogar, hablaré no como un estadounidense avergonzado de Haití, sino como un hombre negro orgulloso de su valentía."*

Por qué Haití era importante para Douglass

Douglass entendió que la revolución haitiana no era solo un acontecimiento haitiano, sino un acontecimiento mundial. Rompió el mito de que los negros estaban destinados a ser esclavos. Avergonzó a las democracias occidentales que predicaban libertad mientras ejercían la esclavitud. Eso inspiró a los abolicionistas, aterrorizó a los propietarios de plantaciones y dio a los esclavos de toda América algo que nunca antes habían tenido realmente: esperanza.

A menudo comparaba la lucha de Haití con la Revolución Americana y consideraba que la haitiana era moralmente superior.

"La libertad de Haití no fue concedida por hombres con pelucas y rostros empolvados sentados en casas cálidas. Se luchó por ella con la sangre y el sudor de hombres encadenados. Se ganaron su libertad sin una constitución que los protegiera."

Legado y conexión con la ceremonia

En esta ceremonia, mientras el delegado afroamericano levanta su tazón de sopa Joumou, el representa no solo su propio agradecimiento, sino también la voz de Douglass. La sopa no es solo cultural, es espiritual.

En cada sorbo se recuerda que Haití hizo una declaración no solo de independencia, sino de principio:

Que ningún hombre tiene derecho a poseer a otro. Esa dignidad no necesita permiso. Que la libertad negra no es un regalo, es un derecho de nacimiento.

Douglass vivía bajo ese credo. Dijo: *"El poder no concede nada sin exigencia. Nunca lo hizo, y nunca lo hará."*

La Revolución Haitiana fue una demanda. La sopa Joumou es el sabor de su victoria.

Toussaint Louverture: El arquitecto de la libertad

Antes de que el mundo supiera la no violencia de Gandhi o la reconciliación de Mandela, antes de que los gritos de libertad resonaran por América y las banderas de descolonización se alzaran en África y Asia, existía Toussaint Louverture, el hombre autodidacta y exesclavo que lideró la primera y única revuelta de esclavos exitosa en la historia registrada de la humanidad.

La revolución haitiana: Un nuevo amanecer para los oprimidos

La Revolución Haitiana (1791–1804) no surgió de un vacío. Surgió de siglos de brutal esclavitud en las plantaciones de Saint-Domingue, la colonia más rentable del imperio francés. Los africanos esclavizados, que sumaban más de 500.000, eran sometidos a tortura, trabajos agotadores y deshumanización sistémica, tratados no como personas, sino como propiedad.

Pero en medio de esta oscuridad, Toussaint Louverture emergió como una luz de genio estratégico y claridad moral. Un antiguo esclavo que ascendió por puro mérito, Louverture unió facciones fracturadas, negoció con potencias europeas y forjó un ejército capaz de derrotar no solo a los franceses, sino también a las invasiones españolas y británicas.

La visión de Louverture: Más que la emancipación

Louverture no se limitó a buscar la libertad de cadenas físicas. Imaginaba una sociedad multirracial basada en la dignidad, la ley y la libertad. Su Constitución de 1801 prohibió la esclavitud de forma permanente, estableció la igualdad ante la ley y se declaró gobernador vitalicio, no como tirano, sino como una salvaguarda contra la vuelta de la esclavitud y la dominación extranjera.

Lo que hacía a Louverture extraordinario era su doble dominio de las tácticas militares y el pensamiento ilustrado. Leyó manuales de Voltaire, Rousseau y militares. Comprendía la geopolítica y maniobraba diplomáticamente entre la Francia de Napoleón, la monarquía española y los imperialistas británicos; a menudo enfrentándolos unos contra otros por el beneficio de Haití.

La onda expansiva de Saint-Domingue

El éxito de la revolución de Louverture sacudió el mundo. En Estados Unidos, los esclavistas temblaban mientras los abolicionistas cantaban victoria. En Europa, Haití se convirtió en la prueba de que los negros podían gobernarse a sí mismos. En América Latina, líderes revolucionarios como Simón Bolívar encontraban esperanza en la audacia de Haití.

El arresto y muerte de Louverture en una prisión francesa en 1803 no puso fin a la revolución. Le dio valor. Sus sucesores, especialmente Jean-Jacques Dessalines, llevarían la noche a su conclusión, declarando la independencia total de Haití el 1 de enero de 1804.

El sabor de la libertad

Un legado que cruza océanos

Toussaint Louverture sigue siendo un faro no solo para los haitianos, sino para todos los pueblos que resisten la dominación. Su visión de los derechos humanos universales nació en sangre y brillantez y sentó las bases morales para futuras luchas globales contra el apartheid, el colonialismo y la supremacía racial.

La independencia de Haití no fue una nota al pie en la historia; fue un capítulo fundamental en la 'luz por la dignidad humana'. Y Louverture fue su autor.

Mientras el mundo bebe sopa Joumou cada 1 de enero, no solo están saboreando una comida; están saboreando la rebeldía, la libertad y un sueño realizado gracias a la voluntad inquebrantable de un hombre que una vez trabajó encadenado pero murió como libertador.

"Al derrocarme, solo has cortado el tronco del árbol de la libertad. Brotará de nuevo por las raíces, pues son numerosas y profundas."— Toussaint Louverture

Mohandas Karamchand Gandhi – El nacimiento de un espíritu revolucionario

Nacido en 1869 en la India controlada por los británicos, Mohandas Gandhi emergió como una de las figuras más importantes del siglo XX. Abogado de formación, Gandhi vivió un tiempo en Sudáfrica, donde primero experimentó el dolor de la discriminación racial. Esta experiencia moldeó su compromiso de por vida con la justicia, la igualdad y la resistencia no violenta.

La India en tiempos de Gandhi estaba bajo un duro dominio colonial británico. El imperio extrajo riqueza, suprimió la cultura nativa e impuso leyes que mantuvieron a millones de indios en un ciclo de pobreza y sumisión. Pero Gandhi, al igual que Toussaint Louverture y Jean-Jacques Dessalines antes que él, creía que el pueblo podía levantarse no mediante la violencia, sino mediante la fuerza moral y el coraje colectivo.

Aunque Gandhi nunca visitó Haití, era profundamente consciente de la gran lucha contra el colonialismo europeo que se estaba llevando a cabo en todo el mundo. El éxito de Haití como la primera república negra y la primera nación en liberarse de la esclavitud colonial fue un símbolo poderoso para todos los pueblos oprimidos de que la libertad no era un regalo, sino un derecho a reclamar.

La llama haitiana en los vientos indios

Aunque la filosofía de Gandhi del Satyagraha o "fuerza de la verdad" estaba arraigada en la antigua ética india, se fortalecía con la memoria histórica de la resistencia mundial. La Revolución de Haití (1791–1804) demostró algo radical: que los oprimidos podían derrocar un imperio. Las personas esclavizadas no solo podían sobrevivir, sino también organizarse, luchar y establecer una nación soberana. Haití no solo fue la primera nación negra libre, sino también la primera nación moderna fundada sobre un principio que ahora llamamos *derechos humanos*.

El movimiento de Gandhi reflejó el de Haití en aspectos clave. Ambos se enfrentaron a potencias globales que los desestimaron como inferiores. Ambos respondieron con un mensaje moral claro y contundente: *Somos humanos. Seremos libres.* Las campañas de Gandhi, desde la Marcha de la Sal de 1930 hasta el Movimiento Quit India de 1942, fueron actos de desafío simbólico y estratégico. Como los líderes haitianos, él entendía que los símbolos importan, así como la sopa

Joumou llegó a simbolizar la liberación para los haitianos, el simple acto de recolectar sal se convirtió en un momento revolucionario para los indios.

Y así como la Revolución Haitiana aterrorizó a los supremacistas blancos e inspiró a abolicionistas en todo el mundo, el ejemplo de Gandhi más tarde daría lugar a movimientos desde la lucha por los derechos civiles estadounidenses hasta la resistencia antiapartheid en Sudáfrica.

Un diálogo continuo a través del tiempo

Haití e India, aunque geográficamente muy diferentes, estaban espiritualmente alineados en su desafío al imperio. Gandhi dijo una vez: *"Puede que nunca sepas qué consecuencias traen tus acciones. Pero si no haces nada, no habrá resultados."* Los revolucionarios haitianos de 1791–1804 vivieron esa verdad. Hicieron lo impensable y, al hacerlo, remodelaron la historia global.

El legado de Gandhi suele estar ligado a la no violencia, pero también debe recordarse como un legado de claridad moral. Como los haitianos, desafió la idea de que algunas personas nacen para gobernar y otras para obedecer. Su 'gritos' no solo estaba en contra del colonialismo, sino también contra la podredumbre espiritual de la desigualdad.

En el mundo actual, donde las fuerzas de la opresión aún toman nuevas formas, el vínculo espiritual entre Haití e India permanece. A través de Gandhi, India se une a este honor ceremonial a la sopa Joumou no solo con respeto, sino con reverencia hacia las personas que encendieron el primer fuego de la dignidad humana universal.

Recordemos: Haití caminó para que el mundo pudiera levantarse.

Haití y Grecia: Un vínculo de libertad forjado en el fuego

A principios del siglo XIX, el pueblo griego se levantó en una revuelta decidida contra el Imperio Otomano. Siglos de ocupación, represión cultural y explotación económica habían creado profundas corrientes de resentimiento. La Guerra de Independencia griega comenzó en 1821, impulsada por el deseo de recuperar no solo territorio, sino también identidad, dignidad y soberanía.

Al otro lado del mundo, en el Caribe, la recién independiente República de Haití, a solo dos décadas de su propia brutal guerra por la libertad, observaba con gran empatía la lucha en desarrollo en Europa. Haití, nacido de la primera revolución esclavista exitosa en la historia, comprendía profundamente el precio de la libertad y la importancia de la solidaridad. Y en un intenso acto de liderazgo moral, Haití extendió una mano de apoyo a Grecia.

En 1822, Jean-Pierre Boyer, entonces presidente de Haití, respondió a una carta de los revolucionarios griegos ofreciendo ayuda moral y simbólica. Elogió su valentía e identificó su lucha como parte de este gran esfuerzo humano por derrotar la tiranía. La carta, considerada ahora una de las primeras expresiones formales de solidaridad internacional, declaraba el apoyo inquebrantable de Haití a la causa griega.

El poder de la solidaridad simbólica

En ese momento, Haití seguía bajo una enorme presión. Las potencias globales, incluyendo Francia, Gran Bretaña y Estados Unidos, se negaron a reconocer la independencia de Haití. La pequeña nación insular que enfrentaba embargos, dificultades económicas y constantes amenazas de invasión. Sin embargo, a pesar de su aislamiento y lucha, Haití eligió alzar su voz por los demás.

No fue un gesto menor. Que una república negra en América apoyara a una nación europea, que históricamente había menospreciado a África y el Caribe, era algo radical. Pero la revolución de Haití no solo había sido para liberar a los haitianos. Se trataba de afirmar una verdad universal: que todas las personas merecen libertad.

Los revolucionarios griegos comprendieron el peso de este gesto. La carta haitiana fue leída y difundida entre los patriotas griegos como un faro de ánimo. Aunque la ayuda material no podía llegar libremente debido a la distancia y las limitaciones económicas, el poder moral de esa carta llegó muy lejos. Les decía a los griegos que su lucha no era aislada, que la humanidad estaba a su lado.

Un tributo griego al coraje de Haití

Hoy, al consagrar la sopa Joumou, el plato sagrado de la independencia haitiana, un representante de Grecia está de pie para hablar no como invitado, sino como un hermano de la familia global de la liberación. Sus palabras resuenan a través del tiempo:

"Recordamos, con profundo respeto y profunda gratitud, al pueblo de Haití. Cuando ninguna nación en Europa se atrevió a levantar nuestra causa, ustedes lo hicieron. Cuando luchamos por nuestro derecho a ser un pueblo soberano, ustedes estuvieron a nuestro lado. De un alma revolucionaria a otra decimos: su valor nos dio esperanza."

Esta conexión entre Grecia y Haití es una historia de *reconocimiento mutuo*. Grecia, cuna de la civilización occidental, encontró su renacimiento en parte gracias a la claridad moral de una república caribeña negra que se atrevió a romper las cadenas de la esclavitud y el dominio colonial.

Haití no esperó a tener riqueza para ser generoso. No esperó a que la seguridad mostrara solidaridad. Actuó porque entendía que *la libertad es indivisible.*

Y hoy, en esta ceremonia sagrada, la bendición de la sopa Joumou honra no solo a los antepasados haitianos, sino a todos aquellos en el mundo a quienes ha tocado la llama de Haití; la llama que una vez iluminó el camino para una joven Grecia.

Que el mundo recuerde: Haití no se limitó a luchar por sí mismo. Hablaba por los que no tenían voz, representaba a los oprimidos y recordaba al mundo que los derechos humanos comenzaron cuando las manos negras rompieron sus cadenas y ayudaron a otros a levantarse.

Capítulo 3

1 de enero de 1804: El día en que Haití respiró libre

El primer amanecer de 1804 rompió sobre la tierra de Saint-Domingue—ya no una colonia, sino una nación libre. El sol naciente pintaba el horizonte de carmesí y dorado, como si los propios cielos recordaran los ríos de sangre derramados en su formación. El humo aún se enroscaba desde las laderas donde se habían quemado cañas. El aire llevaba el aroma a tierra, ceniza y algo nuevo: libertad.

Los hombres estaban en grupos, con los mosquetes colgados de sus hombros cansados, sus ojos marcados por la guerra pero vivos con fuego. Las mujeres, que habían llevado comida, curado a los heridos e incluso luchado cuando las líneas flaqueaban, se mantenían orgullosas con cestas de provisiones. Los niños se aferraban a las faldas de sus madres, sus rostros reflejando tanto miedo como asombro—demasiado jóvenes para comprender plenamente lo que se había ganado, pero lo suficientemente mayores para sentir que la vida nunca volvería a ser la misma.

Era el 1 de enero de 1804, y Haití—antes llamada la "Perla de las Antillas", la colonia más rica del mundo, un lugar donde hombres y mujeres negros habían sido marcados, azotados y encadenados—era libre.

Lo imposible se había hecho realidad.

Dessalines habla

Jean-Jacques Dessalines, el general de carácter férreo que había estado a cargo de la revolución durante sus últimos años, se mantenía firme ante su pueblo. Su cuerpo llevaba las cicatrices de incontables batallas, pero era su espíritu el que las mantenía unidas a todas. Ya había tomado las decisiones más difíciles: marchar cuando faltaban raciones, imponer disciplina para que el pueblo pudiera confiar en el ejército, rechazar todo lo que mantuviera siquiera una sombra del viejo orden. Cuando el miedo se cerraba sobre el pueblo, él fue primero. Detrás de él estaba la plantación; delante, un país. No habría un camino de vuelta.

La multitud se silenció cuando Dessalines alzó su voz—una voz que había rugido en batalla y que ahora tronaba triunfante:

"Nos hemos atrevido a ser libres.

Seamos así por nosotros mismos y para nosotros mismos.

Nuestra libertad no es un regalo.

Es nuestra por derecho,

pagada con nuestra sangre."

Las palabras resonaron como tambores en el corazón de la gente. Los hombres alzaron sus mosquetes hacia el cielo. Las mujeres lloraban abiertamente. Hombres mayores que estaban antes desesperados por ver la libertad cayeron de rodillas. Ya no eran esclavos. Eran ciudadanos de la primera república negra libre en el mundo moderno.

El sueño imposible de los esclavizados—susurrado en los campos de caña, retransmitido en canciones, invocado en las oraciones del

Vudú bajo la luz de la luna—se había hecho realidad.

La sopa que no podían tocar

Durante siglos, en las grandes casas de los terratenientes franceses, existía un plato que se burlaba de su esclavitud: la sopa Joumou—una sopa de calabaza rica, aterciopelada y fragante, con carne, verduras y especias cálidas.

Los esclavos plantaban las calabazas. Cosechaban los puerros, pelaban las zanahorias, cuidaban los rebaños y sacrificaban el ganado. Cortaban los ingredientes, revolvían las ollas y llenaban los tazones.

Pero la sopa en sí—su riqueza dorada que humeaba desde tazones de porcelana—estaba reservada para sus amos. Era el sabor del privilegio, un símbolo de exclusión. A los esclavos, les susurraba:

Esto es para nosotros.

No eres nada.

Nunca la probarás.

La crueldad del hambre no era solo del cuerpo. Era del alma. Trabajar sin descanso por un banquete que nunca se podría compartir— esa era la esclavitud destilada en su forma más amarga.

El primer banquete libre

En aquella primera mañana de libertad, los vientos crepitaban por los campamentos y aldeas. Pesadas ollas de hierro estaban apoyadas sobre piedras, las llamas acariciando sus vientres. Las mujeres cortaban calabazas en cubos naranja brillantes con cuchillos rápidos y firmes. Zanahorias, nabos y puerros se cortaban en rodajas y se dejaban caer en agua hirviendo. La carne se sazonaba con ajo, tomillo y pimientos Scotch bonnet, y luego se cocía a fuego lento hasta quedar tierna. El aire se volvía denso con la fragancia de una sopa que antes había estado prohibida.

Pero esta vez, los tazones eran para ellos.

Hombres, mujeres y niños se reunían. Algunos se sentaban en el suelo, otros sobre piedras o tocones de árboles. Cucharones se sumergían en ollas humeantes, llenando jícaras y tazones de barro. Por primera vez, probaron lo que se les había negado durante generaciones.

El primer sorbo les quemó la lengua y calentó la garganta, pero también alimentó algo mucho más profundo. Cada bocado era más que comida. Era una declaración:

No somos propiedad de nadie.

Somos un pueblo.

Somos libres.

Por qué es importante

Ese día, la sopa Joumou se convirtió en algo más que un plato. Se convirtió en un sacramento de libertad. Cada tazón contenía recuerdos y promesas. Cada sorbo era una victoria convertida en alimento. La sopa dijo al mundo:

Rompimos las cadenas.

Reclamamos nuestra humanidad.

Nunca volveremos a inclinarnos.

Así que, cada año desde entonces, haitianos de todo el mundo—en Puerto Príncipe, Nueva York, Montreal, París—se levantan el 1 de enero para preparar la sopa Joumou. Las familias se reúnen, se pican las verduras, se sazonan la carne y se remueven las ollas. Los niños observan, aprendiendo no solo a cocinar sino también a recordar.

Más de dos siglos después, el ritual perdura. Cada tazón de sopa es historia viva, libertad humeante en el aire y el sabor de la victoria eterna de un pueblo.

Por Haití, por el mundo, por la libertad misma.

Capítulo 4

La sopa de los amos

Antes de que fuera la sopa de la victoria, antes de que se convirtiera en la sabor a libertad, la sopa Joumou era la sopa de la injusticia.

En las plantaciones de Saint-Domingue, las cocinas se llenaban del aroma de calabaza hirviendo, huesos de ternera ardiendo, ajo machacado y hierbas espolvoreadas en ollas humeantes. La fragancia se extendía por los campos de caña donde los hombres se doblaban bajo el látigo, por los patios donde las mujeres cargaban cubos de agua, por los cuartos donde los niños pasaban hambre.

Pero la sopa en sí—calabaza giraumon suave, ternera tierna, pimientos picantes, zanahorias brillantes, puerros y tomillo fresco—no era para ellos, sino para las largas mesas de los amos franceses. Servida en tazones de porcelana, era bebida por hombres y mujeres vestidos de seda y con pelucas empolvadas, mientras que quienes habían plantado, picado, revuelto y hervido la sopa se quedaban sin nada.

No era solo sopa. Era humillación en forma líquida.

Comida y energía

Los amos sabían lo que hacían. La sopa Joumou nunca fue solo cuestión de sabor; era cuestión de dominación. Los esclavos no tenían prohibido tomar esta sopa porque no hubiera suficiente, sino porque simbolizaba la barrera entre humano y subhumano, entre amo y esclavo.

Cada bocado que daban delante de los esclavos decía sin palabras:

Nos alimentas, pero nunca te sentarás con nosotros.

La cocinas, pero nunca la probarás.

Existes para servir, nunca para pertenecer.

La comida se convirtió en un arma. Un recordatorio de que la libertad, la dignidad, incluso el simple acto de comer juntos como iguales, fueron negados.

Aprendiendo en silencio

Y, sin embargo, en esas cocinas calurosas, algo más estaba ocurriendo. Los cocineros esclavizados—mujeres con las mangas remangadas, hombres con ollas pesadas—observaban y recordaban.

Se sabían la receta de memoria. Sabían exactamente cuánta calabaza macerar, cuándo estaba listo el caldo y cómo equilibrar el fuego para que la sopa no se quemara.

Aunque tenían prohibido probarla, la sentían en su mente. Cada zanahoria picada, cada olla revuelta era una lección llevada en silencio hacia el futuro.

En algún lugar, en lo más profundo de sus corazones, quizá su pensamiento les susurraba:

Algún día, esta sopa será nuestra.

La libertad cambia la receta

Ese día llegó.

El 1 de enero de 1804, tras la declaración de independencia de Dessalines, el fuego no se encendía en las cocinas de los maestros, sino en los patios abiertos de los liberados. Ya no esclavizados, hombres y mujeres se inclinaban sobre sus propias ollas. No para servir a otros, sino para servirse a ellos mismos, a sus familias, a su gente.

La receta era la misma, pero el significado había cambiado.

Ya no era *soupe au giraumon*, el nombre francés del plato que se servía en tazones de porcelana.

Era la sopa Joumou, nacida de fuego, sangre y sacrificio—la sopa del pueblo, la sopa de la libertad.

Cada cucharón era desafío.

Cada sorbo era dignidad recuperada.

Cada tazón era prueba de que los esclavos no solo habían sobrevivido, sino que habían triunfado.

Cada 1 de enero

Desde ese primer día hasta hoy, la sopa Joumou ha sido más que una comida. Es un ritual. Una herencia sagrada.

En la mañana de Año Nuevo, las cocinas haitianas cobran vida. El corte de verduras resuena como el redoble de un tambor. El caldo dorado burbujea y se engrosa. Las familias se reúnen, con risas y recuerdos mezclándose en el aire. Los niños observan cómo sus madres y padres cocinan, aprendiendo no solo la receta sino también la historia:

En el pasado, esta sopa era una línea entre la esclavitud y la libertad.

En el pasado les fue negada, pero ahora la comparten.

Cada 1 de enero, los haitianos de toda la isla, en ciudades lejanas, en lugares donde el viento invernal muerde fuerte, llevan tazones humeantes a sus labios y recuerdan.

La sopa Joumou es más que comida. Es historia que puedes saborear.

Es un recuerdo que puedes tener en tus manos.

Es libertad transmitida de generación en generación a través de los continentes.

Capítulo 5

La República de Valentía

La libertad de Haití no cayó del cielo. No fue suerte, ni misericordia, ni azar.

Fue valentía.

Venía de hombres y mujeres a los que les habían dicho toda su vida que no eran nada—y que decidieron levantarse y demostrar que lo eran todo. Durante más de doce largos años, en medio del hambre, el fuego, las enfermedades y las interminables batallas, se negaron a rendirse.

Cuando los imperios más poderosos del mundo—Francia, España y Gran Bretaña—vinieron a aplastarlos, el pueblo de Haití respondió con una voluntad de hierro y una fe inquebrantable.

Lucharon en los campos de caña con machetes aún pegajosos de azúcar.

Lucharon descalzos en senderos de montaña resbaladizos por el barro y la sangre.

Lucharon bajo el abrasador sol caribeño y durante noches iluminadas solo por el resplandor de las plantaciones en llamas.

Luchaban cuando estaban en inferioridad numérica, cuando sus estómagos estaban vacíos, cuando sus heridas aún no habían sanado.

Y aun así ganaron.

Los líderes que iluminaron el camino

La Revolución Haitiana le dio al mundo héroes cuyos nombres resonarán a lo largo de la historia:

- Toussaint Louverture: Nacido en la esclavitud, ascendió hasta comandar ejércitos y superar tres imperios con brillantez y disciplina. Sus estrategias convirtieron lo imposible en victorias.
- Jean-Jacques Dessalines: Feroz, implacable e inflexible, Dessalines llevó el fuego hasta su triunfo final. Se atrevió a proclamar la libertad, sin importar el precio.
- Henri Christophe: Un hombre de resolución inquebrantable, que luchó con espada y visión, y después convirtió a Haití en una nación orgullosa y con dignidad.
- Alexandre Pétion: Un estadista que no solo ayudó a moldear a Haití tras la independencia, sino que también amplió su espíritu de liberación al apoyar a Simón Bolívar en las guerras de independencia de Sudamérica.
- Sanité Bélair: Una soldado intrépida que marchaba junto a su marido, liderando tropas en batalla y que se enfrentó al pelotón de fusilamiento francés con la cabeza en alto, negándose a llevar una venda en los ojos.
- Catherine Flon: La mujer que cosió la primera bandera de Haití, arrancó el blanco de Francia y creo

una bandera de unidad negra y mulata—un paño de libertad que aún ondea hoy.

Estos nombres están grabados en la memoria, pero no lucharon solos.

No solo soldados

La revolución no fue solo obra de generales y guerreros.

* Los agricultores que conocían las colinas llevaban mensajes secretos entre los campamentos.
* Los pescadores remaban por los ríos y mares en plena noche.
* Las mujeres del mercado pasaban comida y medicina por las líneas enemigas, alimentando a un ejército con lo poco que tenían.
* Los herreros transformaron herramientas de granja en armas.
* Las madres escondían a los fugitivos en sus chozas, arriesgando la muerte si eran descubiertas.

Incluso los niños cumplían su papel—vigilando, llevando agua y susurrando advertencias.

Cada alma, joven y vieja, se convirtió en parte de la guerra por la libertad.

El precio de la valentía

El precio era insoportable. Aldeas enteras fueron reducidas a cenizas; Los campos que antes alimentaban a los niños ardían hasta convertirse en tierra negra. Las familias estaban siendo separadas: los esposos desaparecían en los regimientos, las madres escondían a sus hijos en la caña, y las hijas llevaban agua y mensajes hasta que les sangraban los pies. Decenas de miles perecieron: algunos en batalla, otros de hambre que desfiguraba el rostro, y otros de fiebres que se propagaban por los campamentos con la misma crueldad que el enemigo.

Y aun así, el pueblo siguió adelante porque conocía una verdad dura y sencilla:

Perder significaba la esclavitud de nuevo.

Fracasar significaba que sus hijos nacían encadenados.

Así que aprendieron a vivir entre lágrimas y hierro. Enterraban a sus muertos por la noche y se levantaban antes del amanecer para luchar de nuevo. Las marcas en sus espaldas se convirtieron en mapas del camino que se negaban a recorrer dos veces. Los tambores se callaron para que las patrullas no los escucharan; las oraciones se susurraban con labios agrietados para que la esperanza no se rompiera. Soportaron el hambre, los latigazos, los disparos y las llamas porque, al otro lado del dolor, podían oír un futuro llamando sus nombres.

Al final, la valentía no era solo la carga en el campo de batalla. Fue la madre que compartió su última taza de agua, el niño que vigilaba en una loma sin luna, el anciano que pronunciaba la palabra 'libertad' como una promesa que nunca viviría para ver cumplida. Así fue como siguieron luchando—un aliento, un paso, una promesa a la vez—hasta que la libertad no tuviera más remedio que responder.

La Primera República Negra

El 1 de enero de 1804, ese sacrificio dio fruto.

Haití se declaró libre. Una república negra, nacida de su propia lucha, sin deberle nada a reyes ni a amos.

Fue un milagro forjado con sangre y hierro, un trueno que

sacudió el mundo.

En las colonias esclavistas de América, los plantadores temblaban de miedo. En las ciudades y aldeas de África y América Latina, se difunden rumores como: *Si Haití puede hacerlo, quizá nosotros también.*

El espíritu que aún vive

Esa valentía no murió con los revolucionarios.

Hoy late en el corazón haitiano, en la forma en que la gente se recupera una y otra vez después de cada tormenta, reconstruye después de cada desastre y celebra la libertad con canciones, danzas y fe.

Cada día de Año Nuevo, cuando las ollas de sopa Joumou hierven a fuego lento en las estufas de Haití y en hogares haitianos de todo el mundo, la gente recuerda:

La valentía no está solo en el choque de batallas.

La valentía está en la supervivencia.

La valentía está en la memoria.

La valentía está en no dejar que nadie te quite la dignidad.

Ese es el espíritu de Haití—la República de Valentía.

Capítulo 6

El refugio de Bolívar y el nacimiento de América Latina

El mar estaba inquieto esa noche. Los vientos azotaban el Caribe mientras un barco maltrecho entraba cojeando en el puerto de Les Cayes. Sus velas estaban rasgadas, su cubierta marcada, sus hombres tenían los ojos vacíos tras semanas en el mar. Entre ellos estaba Simón Bolívar, con el uniforme deshilachado, el rostro demacrado y el espíritu casi roto.

Solo unos años antes, había sido aclamado como el *Libertador*, el hombre destinado a liberar a Sudamérica. Ahora parecía más una sombra de esa promesa—un exiliado, un fugitivo, un soñador al borde de la desesperación. Sus campañas se habían desmoronado. Sus aliados estaban muertos o habían huido. España le había tachado de criminal. La visión de un continente libre parecía haberse ahogado en sangre.

Y, sin embargo, a lo lejos, vio luces que se desvanecían a lo largo de la costa haitiana.

Esas luces pertenecían a la primera república negra libre del mundo, una nación nacida de las cenizas de la esclavitud, un pueblo que luchó y derrotó al poder del imperio de Napoleón. Un pueblo que sabía mejor que nadie lo que costaba arrebatarles la libertad a las cadenas.

Esperando en Les Cayes estaba el presidente Alexandre Pétion, calmado, deliberado e inquebrantable. Había visto a hombres como Bolívar antes, hombres con fuego en sus palabras pero debilidad en el corazón. Pero cuando Bolívar desembarcó, Pétion vio algo diferente. Su ropa estaba raída y su cuerpo desgastado, pero sus ojos ardían con lo mismo que Pétion había visto una vez en Dessalines y Toussaint: el fuego de un hombre que preferiría morir antes que someterse.

En ese silencio cargado, mientras las olas rompían contra el muelle, los dos hombres se enfrentaron cara a cara:

- Bolívar, un exiliado desesperado aferrado a un sueño.
- Pétion, el líder de una república frágil pero inquebrantable.

Dos revoluciones, dos destinos, a punto de entrelazarse.

Una joven república extiende la mano

Haití en 1815 era en sí mismo un milagro. Apenas una década antes, había logrado lo impensable: los esclavos se habían levantado, aplastado los mejores ejércitos de Napoleón y declarado la primera república negra libre del mundo moderno.

Sus montañas aún guardaban las cicatrices de la guerra, plantaciones quemadas, cadenas rotas y las tumbas de innumerables mártires. Su gente llevaba heridas que apenas habían empezado a sanar.

Sin embargo, de esa supresión surgió una generosidad que el mundo ha olvidado con demasiada frecuencia.

Haití—la república más joven, pobre y aislada de América—abrió sus brazos a la lucha de otro pueblo.

La reunión en Les Cayes

El presidente Alexandre Pétion, sucesor de Dessalines en la República sureña de Haití, recibió a Bolívar en Les Cayes. Pétion no era ajeno a la guerra ni a las pérdidas. Había luchado al lado de Dessalines y había visto cómo aldeas enteras eran consumidas por el fuego en nombre de la libertad.

Cuando Bolívar se paró frente a él—cansado, con los ojos huecos, pero ardiendo con convicción—Pétion reconoció algo familiar. Reconoció la mirada de un hombre que preferiría perecer antes que arrodillarse.

En esa reunión silenciosa, dos revoluciones—una victoriosa y otra jadeando por sobrevivir— se encontraban en una mesa.

El pacto

Bolívar pidió ayuda: hombres, barcos, armas y oro.

Pétion lo escuchó. Él entendía lo que Bolívar pedía—no solo recursos, sino confianza. El propio Haití estaba bajo amenaza constante, rodeado de imperios hostiles, rechazado por Estados Unidos y sangrando por el costo de su propia libertad.

Y sin embargo, Pétion, con la claridad de alguien que ha pagado el terrible precio de la libertad, dio su respuesta:

"Te daré lo que pidas", dijo Pétion, "pero con una condición: dondequiera que ganes, debes liberar a los esclavos."
No era caridad. No era diplomacia.

Era una exigencia moral—la misma exigencia que Haití se había hecho en 1804.

Bolívar aceptó. En ese momento, los destinos de Haití y Sudamérica se entrelazaron.

La contribución haitiana

Haití, una nación bloqueada y empobrecida, aun así le dio a Bolívar lo que ningún imperio le habría dado:

- Cuatro barcos para regresar a Sudamérica
- Hombres—veteranos de la propia revolución haitiana—para luchar a su lado
- Armas y munición para sus ejércitos
- 50.000 pesos, una fortuna para una nación aún en recuperación
- Y lo más importante: un puerto seguro donde pudiera respirar, reagruparse y soñar de nuevo

Pero lo que Bolívar encontró en Haití fue más que ayuda material.

Recorría las calles donde hombres que antes fueron esclavizados ahora servían como jueces, generales y líderes. Respiraba el aire de una tierra que había destruido al imperio más poderoso de su tiempo. Cenaba con familias que, solo una década antes, habían sido esclavizadas—y ahora vivían como ciudadanos de su propia república.

Haití era la prueba viviente de que la libertad no era solo un sueño. Era algo posible.

El regreso a la batalla

En abril de 1816, Bolívar zarpó de Les Cayes, con sus barcos cargados no solo de cañones y oro, sino también del mandato haitiano. Llevó la condición de Pétion al otro lado del mar: la libertad debe significar libertad para *todos*. Cuando sus ejércitos regresaron al campo de batalla, su causa era más amplia, su visión más nítida.

Desde las costas de Venezuela hasta las altas llanuras del Perú, las campañas de Bolívar transformaron un continente. Las victorias se acumularon unas tras otras:

- Carabobo (1821)—La liberación decisiva de Venezuela
- Boyacá (1819)—la batalla clave para Colombia
- Pichincha (1822)—liberación de Ecuador
- Ayacucho (1824)—victoria final de Perú
- Y la creación de Bolivia, nombrada en su honor

En cada república que surgió, se respetó la condición de Pétion: se abolió la esclavitud.

La deuda olvidada

Los libros de historia en Sudamérica elogian la inteligencia, los discursos y las victorias de Bolívar. Sin embargo, con demasiada frecuencia, silencian el capítulo donde una pequeña república negra—bloqueada, difamada y abandonada—le dio los medios para triunfar.

Sin la ayuda de Haití en 1816, Bolívar podría haber muerto en el exilio, siendo un soñador olvidado.

Sin la demanda de Pétion, millones de hombres, mujeres y niños esclavizados podrían haber permanecido encadenados durante generaciones.

Haití no solo ayudó a dar origen a repúblicas latinoamericanas. Haití les dio su alma moral.

La sopa Joumou al otro lado del mar

Uno puede imaginar a Bolívar, en Les Cayes, siendo bienvenido en una casa haitiana el 1 de enero. Un tazón humeante de sopa Joumou fue puesto delante de él—espeso con calabaza, rico en carne y verduras, fragante con tomillo y clavo.

Para los haitianos, era el sagrado sabor de la independencia—un plato que antes estaba prohibido para los esclavos, ahora se come con desdén y alegría.

Para Bolívar, quizá fue más que un plato de comida.

Quizá, en ese caldo caliente y condimentado, probó la libertad que anhelaba llevar con él al otro lado del mar.

Legado

Hoy en día, las estatuas de Bolívar se alzan en Caracas, Bogotá, Quito, Lima y La Paz. Los escolares recitan sus palabras. Las calles llevan su nombre.

Pero en las tranquilas ciudades de Haití, se recuerda otra verdad: en 1815, el Liberador llegó a ellos como un exiliado desesperado. Ellos lo protegieron. Lo armaron. Lo enviaron de vuelta a la historia con algo más que naves—lo enviaron con la condición de que la libertad debía compartirse.

La ayuda de Haití a Bolívar fue la segunda gran chispa de liberación global tras su propia independencia. Esa chispa saltó de

Puerto Príncipe a Caracas, de Les Cayes a los Andes, encendiendo un fuego que ardería por toda América.

Y a pesar de todo, la lección permanecía: la libertad es indivisible. Lo que Haití ganó en 1804, lo volvió a dar en 1816—a todo un continente.

Capítulo 7

Extendiendo la libertad por toda la isla

Dieciocho años después de que Dessalines declarara libre a Haití, la lucha por la libertad no había terminado.

La mitad occidental de La Española estaba a salvo. Haití se mantuvo firme como la primera república negra libre. Pero al otro lado de la frontera, en el lado oriental de la isla, la gente de Santo Domingo vivía bajo una sombra diferente. El dominio de España se había aflojado, luego había regresado, y los rumores susurraban que las cadenas de la esclavitud podrían volver a estar atadas a sus cuellos.

Para los haitianos, que habían sangrado durante doce años para romper esas cadenas, esa idea era insoportable.

Creían que la libertad no podía dividirse por una frontera.

El presidente Boyer interviene

En 1822, Haití estaba bajo el liderazgo constante de Jean-Pierre Boyer. No era un general como Dessalines, ni un estratega visionario

56

como Toussaint. Era un constructor paciente, un hombre que creía que la libertad era más fuerte cuando se compartía.

Cuando le llegó la noticia de que la esclavitud podría regresar a Santo Domingo, Boyer actuó no con vacilación sino con determinación. Marchó hacia el oriente—no como conquistador, sino como protector. Su ejército llevaba mosquetes, sí, pero también tenía un principio: *Nadie en esta isla volverá a ser esclavizado.*

El día en que se rompieron las cadenas

Cuando las fuerzas haitianas cruzaron a Santo Domingo en 1822, ocurrió algo extraordinario. No hubo grandes batallas, ni ríos de sangre. En cambio, hubo un momento—silencioso, casi sencillo—en el que la ley de la esclavitud terminó.

Hombres y mujeres que habían vivido como propiedad se despertaron una mañana temiendo los latigazos y se fueron a dormir libres esa noche. Podían caminar sin papeles. Podían hablar sin permiso. Podían sostener a sus hijos y saber que nunca serían vendidos.

Por primera vez, toda la isla respiró el mismo aire de libertad.

No todos estuvieron de acuerdo

Por supuesto, la historia nunca carece de conflicto. No todos los dominicanos le dieron la bienvenida al dominio haitiano. Algunos se aferraron a las tradiciones españolas. Otros resentían los nuevos impuestos, las reformas agrarias o la erosión de los privilegios antiguos. Con el tiempo, las tensiones crecieron y en 1844, Santo Domingo se declaró la República Dominicana.

Pero hay una verdad que nadie puede borrar: Haití abolió la esclavitud en el oriente, y nunca volvió.

Una isla, una libertad

Durante veintidós años, de 1822 a 1844, la isla de La Española estuvo unida bajo una sola bandera. Por primera vez en su historia, cada hombre, mujer y niño podía vivir sin cadenas.

Puede que aún existiera la frontera en los mapas, pero la libertad borró la línea en los corazones de la gente.

Por qué es importante

Haití podría haberse aislado, protegiendo solo su propia independencia. Podría haber ignorado los gritos de sus vecinos. En cambio, extendió los brazos con fuerza, insistiendo en que la libertad no era un tesoro privado sino un regalo que debía compartirse.

Esta decisión no fue fácil. Costó dinero, soldados y capital político. Pero reveló algo sobre el alma de Haití: una nación nacida del fuego estaba dispuesta a usar su llama para iluminar la libertad para otros.

Un tazón para ambos

La leyenda susurra que en aquellos primeros días de unión, cuando los esclavos de Santo Domingo probaron la libertad, las familias haitianas y dominicas se reunieron alrededor de ollas de sopa Joumou.

Imagínalo: una isla, dos personas, un tazón humeante pasando de mano en mano.

Calabaza, ternera y especias transmiten el mismo mensaje en todas las lenguas: *Somos libres. Todos nosotros. Y nunca volveremos a las cadenas.*

59

Capítulo 8

Marcus Garvey y el llamado al orgullo

A principios del siglo XX, las cadenas de la esclavitud se habían roto en muchos países, pero la libertad aún no había florecido en igualdad. En Estados Unidos, las leyes de Jim Crow asfixiaron la oportunidad de hacerla realidad. En África, los imperios coloniales desangraron a las naciones. En todo el Caribe y Sudamérica, el prejuicio y la pobreza seguían susurrando el mismo mensaje cruel: *Eres menos.*

Entonces, una voz se alzó desde las colinas de Jamaica. Una voz que retumbaba a través de océanos y continentes, diciéndole a los negros de todo el mundo que recordaran su grandeza. Esa voz pertenecía a Marcus Garvey.

Un hombre con una misión

Nacido en 1887 en St. Ann's Bay, Jamaica, Garvey creció escuchando las historias de la revolución imposible de Haití. Para él, Haití no era solo una nación: era la prueba grabada en carne y piedra de que los negros podían derrotar imperios y gobernarse con dignidad.

De ese suelo surgió una visión: *Las personas negras deben estar orgullosas de quienes son, unirse y construir su propio futuro.*

El Movimiento UNIA

En 1914, Garvey fundó la Asociación Universal para la Mejora de los Negros (UNIA, por sus siglas en inglés). Su objetivo tenía un alcance impresionante: unir a los hijos dispersos de África en una sola fuerza global.

En Harlem, los desfiles retumbaban con tambores y bandas de metales. Hombres marchaban con uniformes militares, mujeres vestían de blanco brillante, niños agitaban la bandera roja, negra y verde de la liberación. Los discursos de Garvey animaron encendieron a las multitudes: "Levántense. Manténganse firmes. No inclinen la cabeza ante nadie. Ustedes son hijos e hijas de reyes y reinas."

El movimiento se convirtió en una marea, barriendo América, el Caribe y África.

La inspiración de Haití

Repetidamente, Garvey señaló a Haití: "Haití fue el primero en mostrarnos el camino. Se enfrentaron a las mayores potencias del mundo y ganaron. Demostraron que somos capaces de cualquier cosa."

Para él, Haití no era solo una nación, sino un símbolo, el retumbar bajo su movimiento, la antorcha que encendía sus palabras con poder.

La antorcha pasó

El sueño de Garvey de un imperio negro unido no se hizo realidad en su tiempo. Sin embargo, el fuego que él encendió llegaría a nuevas generaciones: al movimiento por los derechos civiles de Martin Luther King Jr., a las luchas por la independencia de África, al orgullo de las naciones caribeñas que recuperaban su voz.

Lo que Garvey aportó fue más que política; fue orgullo. Fue una declaración de que la negritud en sí misma no era algo de lo que escapar, sino algo que celebrar.

Una conexión de orgullo

Cada año, cuando los haitianos levantan un tazón de sopa Joumou el 1 de enero, no solo recuerdan a sus propios antepasados. Despiertan el mismo espíritu que inspiró a Garvey—el espíritu que dice: *Somos libres. Estamos orgullosos. Y nadie puede arrebatarnos eso.*

Capítulo 9

Mandela y el largo camino hacia la libertad

Más de cien años después de la revolución haitiana, la lucha por la dignidad continuaba—esta vez en el extremo sur de África.

Sudáfrica estaba atada a las cadenas del apartheid, un sistema de crueldad que dividía a su pueblo por color de piel. Los sudafricanos negros no podían votar, no podían poseer tierras en muchas zonas y ni siquiera podían caminar libremente sin pase. Sus vidas estaban escritas en leyes que decían: *Eres menos.*

Era la misma mentira contra la que Haití se había levantado en 1804: vestida con ropa nueva, pero seguía siendo una mentira.

Un joven líder surge

En los años 40, un joven abogado llamado Nelson Mandela dio un paso adelante. Se unió al Congreso Nacional Africano (ANC, por sus siglas en inglés) y se comprometió con la igualdad.

Como los generales haitianos un siglo antes, Mandela hablaba de la libertad no solo como supervivencia, sino como dignidad, justicia y el derecho a mantenerse firme en su propia tierra.

La larga lucha

Durante décadas, Mandela y el ANC lideraron protestas, huelgas y marchas. El gobierno respondió con prisiones, palizas y balazos. Finalmente, Mandela fue tachado de traidor y encarcelado.

Pasó veintisiete años tras las rejas; su cuerpo estaba encerrado pero su espíritu intacto. En su celda, la historia de la revolución de Haití resonaba: un recordatorio de que incluso los ejércitos más grandes pueden caer ante la voluntad de un pueblo libre.

Libertad al fin

En 1990, Mandela salió de la prisión—no inclinado, sino de pie. Cuatro años después, Sudáfrica celebró su primera elección abierta a todos sus ciudadanos, negros y blancos. La gente hizo oír su voz, y Mandela se convirtió en el primer presidente negro del país.

Fue un momento que hizo eco de la declaración de Dessalines del 1 de enero de 1804. Las cadenas cayeron. La gente se levantó. Y el mundo fue testigo.

Una lucha, muchas tierras

Aunque hay océanos entre ellos, Haití y Sudáfrica están unidos por la misma verdad: la opresión puede ser derrotada.

La esclavitud, el apartheid, el colonialismo—ninguno es más fuerte que el valor de un pueblo que se niega a arrodillarse.

Un sabor de libertad compartida

Mandela dijo una vez: *"No soy verdaderamente libre si le estoy quitando la libertad a otra persona, al igual que no soy libre cuando me la quitan."*

Esa verdad ya había sido grabada en la historia por la revolución haitiana. Y cada día de Año Nuevo, mientras los haitianos toman la sopa Joumou, saborean no solo su propia victoria, sino las victorias de todos los pueblos que lucharon contra las cadenas de la esclavitud—desde Puerto Príncipe hasta Soweto.

Capítulo 10

De Haití a India: Una onda a través de los mares

Cuando Haití declaró su independencia en 1804, fue como una piedra lanzada en aguas tranquilas.

El chapoteo fue poderoso—pero las ondas se extendieron más allá de lo que cualquier persona podía ver, alcanzando costas a miles de millas de distancia. A través de océanos, hacia nuevas tierras, hasta los corazones de personas que anhelaban su propia libertad, esas ondas transmitían un solo mensaje: "Si Haití pudo levantarse, nosotros también".

Vida bajo el dominio británico

A principios del siglo XIX, la India estaba encadenada por el Imperio Británico. El imperio drenó su riqueza, gobernó a su pueblo y dictó su futuro. La tierra fértil de la India cultivaba té, algodón y especias, pero su gente vivía en la pobreza, y su trabajo alimentaba un imperio que no les pertenecía.

No era lo mismo que las brutales cadenas de la esclavitud caribeña, pero la raíz era el mismo veneno: una persona que creía que había nacido para gobernar a otra.

Los viajes de ejemplo de Haití

Las noticias viajaban despacio en aquellos días—por barcos, cartas y susurros—pero sí se difundían. Y la historia de Haití se difundió como un rumor sagrado: una nación de esclavos se había levantado contra los ejércitos invencibles de Napoleón y *había ganado.*

Para los colonizados del mundo, esto era más que una noticia. Era una revelación: "Si Haití—una vez esclavizado—puede mantenerse en pie, entonces nosotros también."

Gandhi en Sudáfrica

Un siglo después, en Sudáfrica, un joven abogado llamado Mohandas K. Gandhi estaba aprendiendo lo que era el peso de la injusticia. Los indios, aunque libres de nombre, fueron obligados a portar tarjetas de identificación, se les negaron derechos fundamentales y fueron tratados como seres humanos de segunda clase.

Allí, Gandhi estudió las luchas de otros—entre ellos Haití—y reconoció un patrón escrito en todo el mundo: los poderosos nunca sueltan su control a menos que el pueblo lo exija.

Un camino diferente hacia la libertad

La revolución haitiana se había librado con mosquetes y machetes.

Gandhi eligió otra arma: la resistencia no violenta.

Lideró marchas, boicots y movimientos de desobediencia civil—creyendo que la fuerza moral de millones de personas unidas en la paz podía derrocar un imperio con la misma seguridad con la que los mosquetes habían derribado a Napoleón.

Métodos diferentes, el mismo latido: el derecho a vivir libre.

Independencia al fin

En 1947, tras décadas de resistencia, la India levantó su bandera de independencia. Millones salieron a las calles, gritando, llorando y regocijándose. Los niños trepaban a los tejados, las mujeres cantaban canciones de libertad y los hombres llevaban antorchas durante la noche. Fue el 1 de enero de 1804 de Haití, renacido en otra tierra. Las mismas lágrimas. El mismo triunfo. La misma verdad.

Un espíritu, dos viajes

Haití e India recorrieron caminos diferentes: uno con fuego, otro con paz. Sin embargo, ambos grabaron en la historia la misma verdad: la libertad es posible, por muy fuerte que sea el imperio, si el pueblo se niega a rendirse.

Y así como los haitianos levantan un tazón humeante de sopa Joumou cada día de Año Nuevo, los indios levantan su bandera tricolor cada 15 de agosto. Dos símbolos divergentes, dos rituales diferente, pero ambos proclaman lo mismo: *Somos libres. Somos dueños de nosotros mismos. Y nunca volveremos a la opresión.*

Capítulo 11

La mano amiga de Haití: Ayudando a las naciones cerca y lejos

La revolución haitiana nunca tuvo la intención de guardarse en una caja. Desde el momento en que se rompieron las cadenas, Haití llevó su libertad como una antorcha—y cada vez que otra nación tropezaba en la oscuridad, Haití le extendía una mano.

El mensaje era claro: "Luchamos por nuestra libertad y estaremos contigo mientras luchas por la tuya."

Ayuda a Bolívar y Sudamérica

En 1815, Simón Bolívar—el "Libertador"—era un hombre derrotado. Sus ejércitos se dispersaron, sus sueños se desvanecieron. Viajó a Haití, desconsolado y perseguido.

Haití le dio más que simpatía. El presidente Alexandre Pétion le brindó refugio, cuatro barcos, armas, dinero e incluso soldados para marchar a su lado. Pero Pétion le puso una condición: "Dondequiera que ganes, debes abolir la esclavitud."

Bolívar aceptó. Desde las costas de Haití, regresó a la batalla y liberó a cinco naciones.

Venezuela. Colombia. Ecuador. Perú. Bolivia.

Las victorias fueron de Bolívar, pero el alma de ellas llevó la huella de Haití.

La conexión de Luisiana

El triunfo de Haití también redibujó el mapa del mundo. Cuando Napoleón perdió a Haití, perdió su sueño de un imperio en América. Derrotado y desesperado, vendió el Territorio de Luisiana a Estados Unidos en 1803.

El acuerdo duplicó el tamaño de Estados Unidos, y solo ocurrió porque Haití había destrozado el control francés.

Ayuda a Grecia

En la década de 1820, cuando Grecia se levantó contra el Imperio Otomano, Haití—pequeño, bloqueado, también enfrentando dificultades—envió una carta de apoyo y ofreció ayuda. El gesto era más que simbólico. Era una señal al otro lado del mar: "Los vemos. Estamos con ustedes. Sigan luchando".

Haití e Israel: Un voto por la autodeterminación, una defensa de los derechos humanos

Más de un siglo después de 1804, Haití volvió a alzar la voz por un pueblo que buscaba seguridad y una patria. En 1947, en las Naciones

Unidas, Haití votó a favor del plan de partición que contemplaba un estado judío y uno árabe; dos años después, Haití votó para admitir al Estado de Israel en la ONU. Esto surgió de la historia propia de Haití: una nación nacida de la esclavitud reconoce el derecho de los pueblos a la autodeterminación y a la seguridad.[1][2]

Sin embargo, el "sí" de Haití nunca fue un cheque en blanco. El centro moral de la identidad de Haití—libertad con dignidad para todos—nos une a los derechos humanos universales. El apoyo a la condición de estado no puede excusar hacer daño a civiles ni el despojo de otras personas. En ese mismo espíritu, Haití afirma la igualdad humanitaria de palestinos e israelíes, la protección de los civiles y la primacía del derecho internacional. Cualquier estado que no respete los derechos humanos—Israel o cualquier otro— se sale del pacto de justicia que Haití luchó por hacer realidad.

Nota del autor .

Como haitiano, mi brújula es lo que forjaron nuestros antepasados: apoyar a los perseguidos, rechazar la deshumanización de cualquier pueblo y luchar por una paz donde los israelíes vivan sin terror y los palestinos sin despojo. El voto de Haití fue "sí" a la autodeterminación; Nuestra conciencia dice "nunca" a pisotear la dignidad humana—en ningún lugar.

Notas

1. Resolución 181 (II) de la Asamblea General de las Naciones Unidas, 29 de noviembre de 1947 (Plan de Partición). Haití: Sí.

2. Resolución 273 (III) de la Asamblea General de las Naciones Unidas, 11 de mayo de 1949 (Admisión de Israel). Haití: Sí.

Una mano amiga para Alemania

Tras la Segunda Guerra Mundial, Europa se tambaleó. Las ciudades eran escombros; las rutas ferroviarias y fluviales quedaron destrozadas; las tarjetas de racionamiento no llenaban las tazas vacías. En las zonas occidentales de la Alemania ocupada, los civiles soportaron el *Invierno del Hambre* de 1946–47. Solo tras un intenso debate Washington autorizó ayuda alimentaria a civiles alemanes, designando a CRALOG para llevar donaciones privadas, junto con UNRRA y, poco después, los nuevos "paquetes" de CARE que brindaban a las familias harina, grasas, leche y esperanza.[1][2][3]

Haití observó este sufrimiento con una claridad dolorosa. Nuestro país era pobre y herido—aun pagando, hasta 1947, los costos finales de la deuda de independencia del siglo XIX que había desviado nuestro futuro hacia bancos extranjeros. Pero la memoria moldea la misericordia. Habiendo conocido el hambre, la humillación, la ocupación y el exilio, los haitianos respondieron a los llamamientos de posguerra mediante colectas eclesiásticas, remesas de la diáspora y redes internacionales de ayuda. Nuestras contribuciones no se midieron en tonelaje, sino en testimonios: el sufrimiento no tiene nacionalidad, y la dignidad exige que alimentemos incluso a quienes una vez fueron nombrados enemigos.[4]

Ese gesto era importante. Mientras las grandes potencias movían millones de toneladas, pequeñas naciones como Haití reconstruían la columna vertebral moral de la recuperación: que una paz justa se construya no solo con tratados y planes, sino con panes compartidos entre antiguas líneas de fuego.

Esta es la forma haitiana de decir *nou sonje*—recordamos—y porque recordamos, damos.

El mismo espíritu—Un tazón extendido al mundo

Desde Sudamérica hasta Europa y Oriente Medio, la mano amiga de Haití llevaba una verdad inquebrantable: la libertad no es propiedad privada; es un regalo para compartir. Incluso cuando nuestros propios armarios estaban vacíos, extendíamos la mano hacia otros, porque en la imaginación haitiana la libertad es indivisible: si una nación está encadenada, ninguno de nosotros es completamente libre.

Cada acto de ayuda, cada puerto que se ofrecía, era como pasar un tazón humeante de sopa Joumou a través de fronteras y mares: *Toma, prueba cómo es la libertad. Una vez que la hayas probado, nunca dejes que nadie te la quite.* La historia puede olvidar a veces la mano que llevó el tazón, pero quienes lo probaron no. Que quede claro: Haití nunca fue solo la primera república negra libre. Es la nación que convirtió la victoria en alimento, la memoria en misericordia—y sigue siendo, aun así, el mensajero más fiel de la libertad.

Capítulo 12

Los afroamericanos y la herencia de la victoria de Haití

Cuando Haití declaró su independencia en 1804, el sonido de la victoria no se detuvo en sus costas.

Los cañones que retumbaban en Gonaïves rodaban sobre el mar. Los gritos de libertad se llevaron en el viento, llegando a oídos de los africanos esclavizados en Estados Unidos.

Para ellos, era más que una noticia extranjera. Era una promesa susurrada a través de las aguas: "Las cadenas pueden romperse. La libertad es posible."

Un ejemplo peligroso

Para los dueños blancos de esclavos en el sur de Estados Unidos, Haití era una pesadilla hecha realidad. Era la prueba viviente de que la gente a la que llamaban propiedad podía levantarse, en la verdad, y vencer al imperio más poderoso de su época.

Los periódicos lo llamaron "derramamiento de sangre haitiano", pintando imágenes de miedo para mantener en silencio a los esclavizados. Las leyes se endurecieron. Las patrullas se volvieron más duras. Incluso la mención del nombre de Haití se volvió peligrosa.

Pero para hombres y mujeres esclavizados en los campos de cultivo, la historia de Haití no era una amenaza. Era una chispa de esperanza. Una luz. Una visión de un futuro que casi podían saborear.

La inspiración subterránea

La idea de Haití—de una república negra libre—corría como un río subterráneo por el sur de Estados Unidos. Los líderes de las revueltas de esclavos bebieron de él, dejando que su valentía alimentara sus planes.

- En 1800, Gabriel Prosser soñaba con liderar a miles de virginianos esclavizados hacia la libertad. Fue capturado antes de que comenzara el levantamiento, pero su visión había sido moldeada por susurros sobre Toussaint Louverture y la victoria de Haití.
- Denmark Vesey, un hombre negro libre en Carolina del Sur, había vivido en Haití. Vio con sus propios ojos que una nación de hombres negros libres podía gobernarse a sí misma con dignidad. En 1822, planeó una rebelión que aterrorizó a la blanca ciudad de Charleston.
- En 1831, Nat Turner, guiado por visiones y un sentido de verdadera justicia, lideró uno de los levantamientos más sangrientos de la historia de Estados Unidos.

Haití no era su única inspiración, pero su eco ya estaba vivo en la mente de innumerables esclavos.

Cada revuelta, ya fuera abatida o recordada, tenía el mismo latido: Haití había mostrado el camino.

Una voz en la abolición

Para los abolicionistas, Haití era el contragolpe perfecto a las mentiras racistas. Cuando los esclavistas dijeron: *"Los negros no pueden gobernarse a sí mismos"*, los abolicionistas señalaron Haití.

"Derrotaron a Napoleón", decían. "Ellos dirigen su propia república. Te demostraron que te equivocabas."

Haití era una prueba viviente de que la libertad no solo era posible, sino sostenible. Dio a los abolicionistas del Norte—negros y blancos—un arma más fuerte que la retórica: la historia misma.

Después de la esclavitud

Cuando la esclavitud terminó en Estados Unidos en 1865, el trabajo por la libertad apenas había comenzado.

La aparcería, la segregación, las leyes de Jim Crow—las cadenas habían cambiado de forma, pero seguían ahí.

Y, sin embargo, la historia de Haití seguía siendo un faro. Les recordaba a los afroamericanos que la libertad nunca fue concedida simplemente por quienes tenían el poder: la gente la reclamaba, se mantenía firme y se defendía a toda costa.

En el movimiento por los derechos civiles de los años 50 y 60, líderes como Martin Luther King Jr. y Malcolm X transmitieron ese mismo mensaje.

Ambos miraron hacia afuera, conectando la lucha negra en Estados Unidos con las luchas de africanos, haitianos y otros en todo el mundo.

Haití siempre estuvo ahí en segundo plano—la primera prueba de que la liberación negra no era un sueño sino una realidad viva.

El sueño compartido

Desde los bosques de caña de Virginia hasta los arrozales de Carolina del Sur, desde las marchas de Selma hasta los discursos en Washington, los afroamericanos y los haitianos siempre han estado unidos por un sueño común:

Vivir libres. Caminar con firmeza. Vivir con dignidad y sin miedo.

Haití alcanzó ese sueño por primera vez en 1804. Pero nunca dejó de arder para quienes aún están en camino hacia la libertad.

Un tazón, un pueblo

Hoy, cuando los afroamericanos rastrean su historia, muchos encuentran en Haití una pieza perdida de su propia herencia, una conexión más profunda que la geografía. La libertad de Haití no era solo de Haití. Fue el comienzo de una historia global de libertad negra.

Así que, cuando los haitianos se reúnen el 1 de enero y levantan un tazón humeante de sopa Joumou, no solo están celebrando su propia independencia. También están honrando a cada hombre y mujer negro, en todas partes, que se atrevió a soñar con la libertad.

Ese tazón es más que comida. Es la memoria. Es una conexión. Es una invitación.

Dice: "Somos un solo pueblo. Tu lucha es nuestra lucha. Y tu victoria siempre será también nuestra victoria".

Después de que cae la bandera: El balance del imperio, su control y nuestra contraestrategia

Opinión del autor, de Jumel Pluviose

A menudo decimos que ningún imperio dura para siempre, pero rara vez nos enfrentamos a lo que sobrevive a ellos. Durante aproximadamente veinte siglos, el Imperio Británico reprogramó economías y mentes mediante extracción, jerarquía racial y una filosofía de "divide y vencerás". Las banderas cayeron, pero los sistemas aprendieron a caminar sin uniforme. Gran parte de ese aparato fluyó —por alianza, financiamiento, bases militares, medios de comunicación y leyes— hacia la órbita de los Estados Unidos, el imperio más reciente en la práctica, si no en nombre. El poder cambió de acento; el método permaneció igual.

Este capítulo nombra tres cosas con claridad: el registro de los crímenes, la maquinaria del control y cómo dejamos de darle consentimiento.

I. El registro del Imperio (lo que quedó atrás)

- Extracción y robo: Expropiaciones de tierras; economías minerales y de cultivos comerciales diseñadas para exportar riqueza y depender de la importación; esquemas de deuda que hipotecan el futuro.

- Jerarquía racial y esclavitud: Tráfico de seres humanos; Estatus de segunda clase codificado que perdura en instituciones y mercados.

- Hambre diseñada: Políticas que permitían que las colonias pasaran hambre mientras el grano se movía para generar riqueza; hambruna como "corrección de mercado".

- Castigo colectivo: Campamentos y operaciones de "pacificación"; campañas de tierra quemada; prisiones secretas.

- Fronteras que sangran: Particiones y protectorados cuyas líneas sobreviven a los cartógrafos e inflaman a los vecinos durante generaciones.

- Entumecimiento cultural: Proyectos misioneros o "civilizadores" que declaraban la conquista una virtud y enseñaban a los conquistados a dudar de su propio valor.

El paso de batón: Después de 1945, el poder estadounidense y el kit de herramientas actualizado:

- Supremacía del dólar y cuellos de botella financieros
  - Legado de Bretton Woods; Sistema de petrodólar
  - Control de SWIFT, banca corresponsal y

cumplimiento de KYC/AML

- o Paquetes de condicionalidad y austeridad del FMI/Banco Mundial
- Sanciones y derecho extraterritorial
  - o Listas negras de OFAC, sanciones secundarias a terceros
  - o Controles de exportación, presión para la reducción de riesgos sobre firmas globales
- Infraestructura militar y arquitectura de seguridad
  - o Acuerdos mundiales de red de bases y acceso
  - o Tratados de defensa de la OTAN y bilaterales como ventaja
  - o Ventas de armas, asistencia en seguridad, entrenamiento, despliegues de SOF
- Acción encubierta y guerra por poder
  - o Operaciones de inteligencia, interferencia política, manuales de cambio de régimen
  - o Financiación/armas a clientes y milicias para que luchen por poder

  - Ley y financiación para corporaciones
    - o Solución de disputas inversor-estado (ISDS), tratados comerciales y de inversión
    - o Captura corporativa de la regulación; puerta giratoria en agencias clave
  - Industrias de la información y la cultura
    - o Medios concentrados, poder blando de Hollywood/plataformas de streaming
    - o Narrativas de centros de pensamiento y agencias

de relaciones públicas que moldean la opinión pública en el exterior

- Tecnología y dominio de los datos

    ○ Monopolios de plataformas; cuellos de botella en la nube y en los semiconductores

    ○ Los regímenes de propiedad intelectual (patentes/derechos de autor) como barreras de entrada

    ○ Alianzas de vigilancia (por ejemplo, alianzas de inteligencia) y operaciones cibernéticas

- Ayuda, ONG y capitalismo filantrópico

    ○ Condicionalidad de la ayuda alineada con los objetivos estratégicos

    ○ Las redes de ONG y las fundaciones están orientando agendas y abasteciendo los conductos de personal

- Logística y control común

    ○ Protección de rutas marítimas, GPS, satélites y cables submarinos

    ○ Organismos de normalización y normas técnicas que aseguran una ventaja

- Fuerza remota y cumplimiento automatizado

    ○ Drones, operaciones especiales, contratistas militares privados

    ○ Listas negras algorítmicas, listas de vigilancia el bloqueo automática en el sector financiero y tecnológico

- Empaquetamiento ideológico

    ○ Una historia universal de "libertad" que a menudo

prioriza la libertad para el capital, enmascarando la extracción y la disciplina como modernización.

II. Cómo se mantiene el control hoy en día (tácticas antiguas, herramientas nuevas)

1. Divide y vencerás 2.0

2. Raza, secta, partido, región—en competencia para que el público nunca se convierta en un pueblo. La indignación se alimenta a diario; la solidaridad está hambrienta.

3. Cadenas de deuda y dólares

4. Préstamos con condiciones, austeridad como doctrina, agencias de calificación como jueces. Las naciones y las familias trabajan por interés más que por la vida.

5. Teatro de ley y orden

6. Ampliación de los poderes policiales, equipo militarizado, seguridad privada y "estados de emergencia" que se convierten en la nueva normalidad.

7. Sanciones y conflictos por poderes

8. Castigos a las poblaciones para que doblequen gobiernos; dar armas a clientes para luchar en guerras que nunca tocan la tierra natal del patrocinador.

9. Régimen de información

10. Medios de comunicación concentrados, guiones centros de pensamiento, algoritmos de difusión que monetizan el miedo. La historia se acorta; la disidencia se presenta como desorden.

11. Dar visibilidad al capitalismo

12. Monopolios en logística, comida, agua y datos. Los términos de servicio sustituyen a los contratos sociales.

13. Automatización y cumplimiento

14. Desde la policía predictiva hasta los drones fronterizos y los sistemas autónomos—métodos que no comen, no duermen, no dudan.

III. Por qué la gente se somete (y cómo notarlo)

- Miedo y fatiga. Tener dos trabajos no deja tiempo ni energía para organizarse.
- Mentalidad de escasez. Buscamos migas y olvidamos la panadería.
  - Captura aspiracional (la trampa del sueño americano). Una promesa poderosa—*trabajar duro, ascender*—se utiliza como arma para mantenernos buscando un escape individual en lugar de un cambio colectivo. Nos dan un asiento en la mesa en lugar de tener voz en la cocina; si no "lo logramos", el sistema culpa a nuestra moral, no a sus reglas.
  - Niebla narrativa. Si no puedes nombrar el sistema, culpas a tu vecino.
  - Fragmentación. Los pobres se dividen por raza; la clase media por estatus; los ricos están unidos por los intereses.

IV. Una contraestrategia popular (el método de la sopa Joumou)

1. Nombra el daño—públicamente.

2. La memoria es rebeldía. Muestra el verdadero registro en escuelas, iglesias, sindicatos y mesas familiares. Crea "registros de la verdad" comunitarios que listen los despojos locales y los costos continuos.

3. Construye konbit a través de las fronteras.

4. Forma coaliciones que crucen razas, clases, creencias y fronteras. Haz que las redes de ayuda mutua sean rutinarias, no solo de emergencia.

5. Defiende los derechos antes de que se renombren como "privilegios".

6. Observa todas las leyes que amplíen la vigilancia, la detención o el secreto. Exige cláusulas de caducidad, supervisión independiente, acceso a cámaras corporales y registros, y control comunitario de la policía.

7. Aprovecha las palancas económicas.

   ○ Haz compras y usa los bancos localmente; crea tiendas de comestibles, clínicas y cooperativas de crédito.

   ○ Utiliza boicots y huelgas dirigidas vinculadas a demandas concretas.

   ○ Haz auditorias de presupuestos públicos; lucha por salarios dignos y alivio de deudas.

8. Democratiza la tecnología.

9. Insiste en la transparencia algorítmica, la propiedad de datos por parte de los ciudadanos, la prohibición de sistemas letales

autónomos y el poder de veto comunitario sobre las herramientas de vigilancia.

10. Medios independientes y educación cívica.

11. Financiación de medios locales; formación de jóvenes en verificación de hechos, registros abiertos y narración de historias. Inunda la zona con la verdad, no solo con capturas.

12. Internacionalismo desde abajo.

13. Conecta ciudades y movimientos directamente: comparte estrategias, ayuda legal y fondos para huelga. Las sanciones y las guerras pierden poder cuando la gente se niega a jugar como enemiga.

14. Rituales que mantienen la valentía.

15. Mantén el 1 de enero como un pacto vivo: prepara sopa Joumou, cuenta la historia, nombra las batallas que vienen y adopta una acción concreta para el año.

Reflexión final—El espíritu del primero de enero

Muchas personas en Estados Unidos sienten que el panorama está cambiando. Algunos se quedan en silencio. Algunos se alejan—dejando carreras, dejando el país. Otros se vuelven creativos: construyen nuevas plataformas, forman nuevas alianzas y buscan nuevas formas de decir *no o crear* resistencia. Quienes eligen enfrentarse a la máquina—que se levantan y luchan por la libertad—están viviendo el espíritu del 1 de enero.

Esta es la verdad que Haití enseñó al mundo: los derechos humanos no tienen color ni frontera. Cuando no quede un cuerpo negro, marrón o "extranjero" para domesticar, un sistema que se alimenta de la dominación se volverá hacia adentro y domesticará el suyo propio. Por eso la neutralidad no es seguridad; es el silencio lo que entrena a la correa.

Así que toma tu lugar en la mesa de la libertad:

- Mantente presente. No entregues la plaza pública.
- Organiza de forma creativa. Construye tus propios canales, tus propias coaliciones, tu propia economía de cuidados.
- Actúa con ley y valentía. Vincula cada acción a demandas concretas de derechos.
- Practica konbit. Aliméntate, protege y levanta a otros para que nadie esté solo.
- Renueva el voto. Cada 1 de enero —y cada día— levanta el tazón y recuerda por qué luchamos.

Si sientes presión, no estás solo; estás despierto. La respuesta no es huir, sino el compañerismo. Levántate, reclama tu libertad y ayuda a otros a reclamar la suya. Así es como el espíritu de Haití sigue fluyendo en nosotros: convirtiendo el miedo en coraje y el coraje en cambio.

Cuida la llama / Veye Flanm nan

La libertad no se pierde de un solo golpe; se marchita cuando vemos que se hace daño y no decimos nada. El silencio ante los crímenes —silencio ante quienes dominan y destruyen a otros— no es neutralidad. Es consentimiento. Y el consentimiento a la injusticia es una forma de traición.

Para salvaguardar la libertad, tú y yo—ciudadanos de un solo mundo—debemos elegir el trabajo antes que el testimonio: educar, organizar y participar. Encuentra las palabras, crea los espacios, construye los puentes que despierten la valentía en los demás. Cuenta la historia que explica el día de hoy. Nombra los sistemas que se esconden a simple vista. Invita a los que están cómodos a asumir responsabilidades y a los temerosos al compañerismo.

Incluso quienes imponen la opresión—soldados a sueldo, censores, matones uniformados o en código—deben enfrentarse a la verdad. No con odio que deshumaniza, sino con responsabilidad, ley y una claridad moral implacable: *tus órdenes no borran tu deber; tu poder no nos anula los derechos.* Les pedimos un estándar humano y nos negamos a ceder si no lo otorgan.

Lo que debemos hacer ahora:

- Romper el silencio. Cuando veas daño, habla, documenta y escala la situación a través de canales legales, luego por canales públicos.
- Enseñar sobre la libertad. Comparte la historia de Haití y de cada persona que luchó. Entrena a otros para reconocer la manipulación, el miedo y el pensamiento de "divide y vencerás".
- Defender los hechos y los controles y equilibrios. Exigir pruebas antes de que se promulguen leyes de poder y antes de que ampliemos nuestros esfuerzos: datos abiertos, auditorías independientes y supervisión pública de medios, escuelas, tribunales, presupuestos, policía y plataformas. Verificar, citar y corregir errores en la verdad abierta es un deber cívico, no un pasatiempo.
- Construye konbit. Forma círculos de atención—apoyo

legal, ayuda mutua , fondos de huelga, medios comunitarios—para que nadie esté solo.

- Exigir responsabilidad. Para oficiales, empresas, plataformas y fuerzas armadas: normas transparentes, supervisión independiente y consecuencias por abuso.
- Rechazar la deshumanización. Nosotros luchamos con los métodos, no las personas. Nuestro objetivo es detener el abuso y recuperar a la gente de él.

Kreyòl vow: Nou pa rete an silans devan enjistis. Nou leve, nou òganize, nou pwoteje libète—pou tout moun.

Conclusión del autor

Haití demostró que ningún pueblo nace para arrodillarse. Pero los imperios no desaparecen; cambian de imagen. Si no hacemos nada, los derechos nos serán vendidos de nuevo como privilegios ganados, otorgados por quienes poseen el control y aplicados por máquinas que nunca preguntan por qué.

Así que respondemos con la sabiduría haitiana más antigua: mantente firme, gana tu libertad y ayuda a otros a obtener la suya. Niégate a comer solo. Niégate a luchar solo. Levanta el tazón, pásalo a los demás y haz que la mesa sea lo suficientemente larga para todos.

Prueba esto y nunca dejes que nadie te lo quite.

Nou pataje libète a—si youn mare, pèsonn pa lib.

Conclusión—El sabor que compartimos

La historia de Haití es un recuerdo vivo. El tazón que levantamos el 1 de enero no es nostalgia; es un dictamen. La sopa Joumou lleva los nombres de quienes resistieron, lucharon y ganaron, y nos plantea una pregunta ahora: *¿Nos guardaremos la libertad para nosotros o la pasaremos por la mesa?*

A través de continentes, la llama de Haití ya ha viajado: las campañas de Bolívar, los sueños abolicionistas, los largos caminos hacia la independencia y la igualdad. Pero la memoria debe resolverse. Hemos nombrado los registros del imperio y las nuevas máscaras del control. La respuesta, para nosotros, es la misma que nos dieron nuestros antepasados: mantente firme, gana tu libertad y ayuda a otros a alcanzar la suya.

Así que mantengamos el pacto de las formas simples que importan: construir konbit a través de fronteras; defender derechos antes de que se renombren como privilegios; insistir en que la tecnología sirva a las personas; Alimenta a los hambrientos y protege a los vulnerables que hay cerca. Y cada 1 de enero, levanta el tazón y renueva la promesa—nunca más a las cadenas, nunca más al silencio.

Porque la libertad, como la sopa Joumou, no está hecha para ser acaparada.

Está hecha para compartirse hasta que toda la mesa esté alimentada.

Nou pataje libète a—si youn mare, pèsonn pa lib.

Escritura ceremonial: Bendición de la sopa Joumou

Película
Bendición de la sopa Joumou – Guion de la ceremonia completa

Bendición de la sopa Joumou – Guion de la ceremonia completa

[Visuales y atmósfera inicial]

- Cámara: Panorámicas lentas por la sala—banderas de Haití, decoración cultural, atuendos tradicionales.
- Música: Suave percusión haitiana y flautas de fondo.
- Escenario: Una gran sopera bellamente presentada de sopa Joumou en el centro del escenario, cubierta con una pequeña bandera de Haití, rodeada de flores.

- Un cucharón y una copa ceremonial están en una mesita auxiliar.

1. Bienvenida e introducción a la ceremonia – MC

MC:

"Hoy nos reunimos no solo para celebrar el Día de la Independencia de Haití, sino para honrar el espíritu que lo hizo posible.

El humilde tazón de sopa Joumou que tenemos en frente es mucho más que comida: es historia, coraje y el propio sabor de la libertad.

Antes de bendecir y compartir esta sopa sagrada, escucharemos voces de todo el mundo—naciones para siempre vinculadas a la victoria de Haití."

2. Hablan representantes internacionales

Representante africano

"Haití... Madre de la Libertad, Hermana de África...

Cuando rompiste tus cadenas, rompiste las nuestras también.

En tu valentía, vimos nuestro destino. En vuestra victoria, vimos que ningún imperio es demasiado fuerte para caer.

Desde las costas de África, les agradecemos por demostrar que el espíritu de un pueblo libre nunca podrá ser conquistado.

Hoy los honramos y prometemos que el fuego de 1804 aún arde por todo el continente."

Representante Latinoamericano (Conexión con Simón Bolívar):

"Sin Haití, nuestras naciones no serían libres.

Cuando Simón Bolívar fue perseguido y estaba cansado y sin esperanza, tú abriste tus puertas.

Le diste armas, soldados y el valor para seguir "luchando—con una petición sagrada: *libera a los esclavizados dondequiera que ganes.*

Y así lo hizo. Tu generosidad ayudó a dar origen a Venezuela, Colombia, Ecuador, Perú...

Estamos hoy ante ustedes como sus hijos agradecidos, eternamente atados a la promesa de libertad que nos diste."

Representante afroamericano

"A nuestra familia haitiana...

En 1804, hiciste lo que el mundo creía imposible: derrotaste a los ejércitos de Europa y declaraste que los negros nunca volverían a ser propiedad.

Encendiste una antorcha que cruzó los mares y llegó al corazón de los africanos esclavizados en América.

Tu valor sembró las semillas de nuestra propia emancipación.

Somos tus hijos de la libertad—y nunca olvidaremos quién iluminó el camino."

Representante indio

"Desde el corazón de la India, te saludamos, Haití. Tu triunfo demostró que ninguna cadena es irrompible.

A través de los océanos, tu historia nos susurraba: *'Levántate. Recupera tus tierras. Mantente libre.'*

Generaciones de nuestra libertad llevaron tu victoria en sus corazones.

Y cuando la India quedó libre en 1947, supimos que inspiraste parte de esa libertad."

Representante de Grecia, Israel y otros

"Incluso siendo una nación joven, defendiste a los oprimidos.

Fuiste el primero en reconocer la lucha de Grecia por la libertad.

Ofreciste un refugio seguro para los perseguidos.

Demostraste que la libertad no es un tesoro que se deba acaparar—es un regalo que debe compartirse.

Hoy recordamos tu generosidad y coraje moral.

Haití, eres una nación pequeña con un corazón lo suficientemente grande para todo el mundo."

MC:

"De África a América Latina, de India a Grecia y más allá —el mundo le debe una deuda a Haití.

Hoy, saldamos esa deuda con honor, gratitud y una relación compartida Voto: defender la libertad dondequiera que viva, y luchar por ella donde se niegue."

(*Aplausos suaves. La música se desvanece un poco.*)

3. Discurso principal haitiano

(*El representante haitiano se acerca al micrófono.*)

El orador se acerca al micrófono. El ritmo del tambor se suaviza. El público se silencia.

"Hermanos y hermanas, amigos de cerca y de lejos,

Hoy, así como el vapor de este humilde tazón se eleva hacia los cielos, también lo hace la historia de un pueblo que se negó a inclinarse.

Hace doscientos veintiún años, en este mismo día, el mundo despertó ante un milagro: un pueblo esclavizado había derrotado a los ejércitos más poderosos de su época. No solo ganamos nuestra libertad—reescribimos el destino de las personas negras en todo el mundo. Haití se convirtió en la primera república negra libre, la primera nación moderna en prohibir la esclavitud para siempre y la primera en demostrar que los reyes no conceden los derechos humanos: el valor de los oprimidos los reclama.

"Que el mundo recuerde: Haití fue el primero en consagrar, no solo en la ley sino en la realidad viva, la verdad universal de que todos los hombres y mujeres nacen libres e iguales. Antes de que otros se atrevieran a pronunciarlo, Haití lo demostró. Antes de que otros lo firmaran por escrito, Haití sangró por ello. Somos los pioneros de los derechos humanos, la prueba viviente de que la libertad es un derecho de nacimiento de todo ser humano y que ningún imperio, ningún ejército, ninguna cadena puede arrebatarla."

Nuestra libertad nació en el fuego, en la fe y en la voluntad inquebrantable de hombres y mujeres que se atrevían a decir: 'Libertad o muerte'. Lucharon descalzos, con el estómago vacío, pero sus corazones estaban llenos—llenos de amor por una tierra que sería libre.

Y así, el 1 de enero de 1804, declaramos al mundo: nunca más seríamos poseídos. Nunca más vendrían a nuestros hijos. Nunca más el color de nuestra piel sería una cadena.

Ese día, tomamos la sopa prohibida—sopa Joumou—que una vez fue un lujo del amo de esclavos, y la hicimos nuestra. La alzamos alto como nuestra declaración: 'Somos personas libres.' Desde entonces, cada cucharada ha llevado el sabor de la independencia, el sabor de la resistencia y el calor de la unidad.

Pero la libertad de Haití nunca fue solo para Haití. Nuestra victoria rompió el mito de la supremacía blanca. Dio esperanza a los africanos arrancados de su tierra natal. Inspiró levantamientos en América.

Ofreció refugio a quienes lucharon por la libertad en Sudamérica, Grecia, en todos los rincones del mundo donde la libertad luchaba por respirar.

Sí, nuestros caminos han sido duros. Sí, nuestras pruebas han sido muchas. Pero nuestra alma—nuestra alma nunca ha sido conquistada. Mientras esta sopa siga calentando nuestras mesas, el fuego de 1804 sigue ardiendo en nuestros corazones.

Hoy en día, no solo bendecimos la sopa; bendecimos el coraje que representa. Bendecimos a las manos que la preparan. Bendecimos a los antepasados que la ganaron. Y bendecimos a las futuras generaciones que heredarán esta sagrada tradición y mantendrán viva la llama.

A todas las naciones representadas hoy aquí—gracias por estar con nosotros, por reconocer la sangre que derramamos para que el mundo sea más libre. Bebamos esta sopa juntos como familia, como un mundo unido por el mismo sueño: libertad, dignidad y justicia para todos.

Viva Haití. Viva la libertad. Viva el espíritu del 1 de enero."

(*Aplausos del público, batería suave reanuda.*)

4. Ritual de bendición

"Esta sopa es más que comida. Es nuestro *patrimonio*, nuestro patrimonio sagrado, nuestro tesoro nacional. Es el sabor de nuestra liberación, el perfume de nuestra dignidad, la memoria viva del Primero de Enero. Nunca debe tomarse a la ligera. Y así, antes de beber, la bendecimos—porque es sagrada para nuestra historia y sagrada para nuestro pueblo."

Invocación ancestral

"Antepasados de Haití... padres, madres, guerreros y soñadores... Llamamos sus nombres. Jean-Jacques Dessalines, Toussaint

Louverture, Catherine Flon, Sanité Bélair y muchos otros cuyos nombres solo viven en el viento.

Honramos su valentía. Recordamos su sacrificio. Nos apoyamos en sus hombros."

Levantamiento simbólico de la sopa.

"En este día, levantamos la sopa que antes no podíamos tocar. La levantamos como una corona de victoria.

La elevamos como símbolo de libertad.

La elevamos como el sabor de nuestra dignidad."

Llamada y respuesta unificadora

"¿Crees que la libertad es un derecho para todos?" —Público: "¡Sí!"

"¿Honras el valor de quienes la merecen?" —Público: "¡Sí!"

"¿Están juntos, hoy y para siempre, como una sola familia de libertad?" —Público: "¡Sí!"

5. Juramento de la Sopa Joumou

Orador: "Antes de beber, hablemos juntos del juramento de libertad."

Todos repiten después del orador:

"Bebo esta sopa en honor a los antepasados."

"Bebo esta sopa para mantener vivo su valor en mí."

"Me opondré a la esclavitud en todas sus formas."

"Defenderé la dignidad de todo ser humano."

"Protegeré la libertad que se compró con su sangre."

"Transmitiré este espíritu a la próxima generación."

El orador concluye: "Por este juramento, recordamos. Por este juramento, nos unimos. Por este juramento, vivimos libres."

6. Primer sorbo y distribución

- El orador sirve una pequeña cantidad en la copa ceremonial.
- Toma un sorbo reverente:

"De nuestros antepasados hasta nuestros hijos—este es el sabor de la libertad."

- La invitación se extiende a los representantes internacionales para que tomen un sorbo, uno a uno.
- La cámara capta cada sorbo en primer plano.

7. Conclusión

Orador: "Que esta sopa nos recuerde que la libertad es un banquete compartido: sabe mejor cuando todos son bienvenidos en la mesa."

La música aumenta. Bailarines y percusionistas haitianos actúan mientras los invitados comienzan a compartir la sopa.

Descripción de contraportada

El sabor de la libertad

La historia de la sopa Joumou y el legado global de Haití

El 1 de enero de 1804, Haití hizo lo imposible. Hombres y mujeres esclavizados, contra las mayores potencias coloniales de su tiempo, se levantaron, lucharon y ganaron su libertad. De esa victoria nació no solo la "primera república negra" del mundo, sino también un símbolo de esperanza llevado en un humilde tazón de sopa.

La sopa Joumou—antes prohibida para los esclavos—se convirtió en el sabor de la libertad. Cada día de Año Nuevo, los haitianos se reúnen alrededor de tazones humeantes de esta sopa de calabaza, honrando los sacrificios de sus antepasados y recordándole al mundo que la libertad vale cada lucha.

Pero el legado de Haití no terminó en sus costas. Desde las revoluciones sudamericanas de Simón Bolívar hasta el llamamiento global de Marcus Garvey al orgullo negro, desde el largo camino de Mandela hacia la libertad hasta el "luchar por la verdad" de Gandhi la independencia, el valor de Haití provocó ondas en otros continentes, inspirando a generaciones a levantarse contra la opresión.

En este libro, Jumel Pluviose invita a los lectores a un poderoso viaje—a través de la historia, la cultura y la resiliencia—para descubrir cómo el triunfo de una pequeña nación se convirtió en una herencia global. Más que la historia de Haití es la historia de la voluntad inquebrantable de la humanidad para ser libre.

Ven a probar el sabor de la libertad Es más sabrosa que la sopa, más fuerte que el imperio y sigue hirviendo en el corazón de la gente de todo el mundo.

[IMAGEN DE PORTADA]

[IMAGEN: Un tazón de Sopa Joumou con vapor; pie de foto: *"Sopa de la libertad"*, *inscrito por la UNESCO como Patrimonio Cultural Inmaterial de la Humanidad en 2021.*] [Ref. 12]

Créditos de imagen (propuesto)

• Sopa Joumou—Fotografía de prensa del PCI de la UNESCO (uso editorial).

• Grabado en ingenio azucarero—Biblioteca del Congreso / Colección Wellcome (dominio público).

• Retrato de Frederick Douglass—Biblioteca del Congreso

(dominio público).

- Mapa de la compra de Luisiana—Biblioteca del Congreso (dominio público).
- Recuadro del mapa de Haití: vector personalizado/sencillo que se creará para el diseño.

Notas

1. C. L. R. James, *Los jacobinos negros: Toussaint L'Ouverture y la Revolución de San Domingo* (Vintage).

2. Laurent Dubois, *Vengadores del Nuevo Mundo: La historia de la Revolución* Haitiana (Harvard).

3. David Geggus, *Estudios Revolucionarios Haitianos* (Indiana Univ. Press).

4. Jeremy D. Popkin, *Una historia concisa de la Revolución* Haitiana (Wiley-Blackwell).

5. Ada Ferrer, *El espejo de la libertad: Cuba y Haití en la era de la revolución* (Cambridge).

6. Dubois & Geggus sobre Bois Caïman; tambіén Kate Ramsey, *Los Espíritus y la Ley* (sobre el Vudú y la resistencia).

7. Archivos Nacionales de Estados Unidos., recursos sobre la Compra de Luisiana; Instituto Gilder Lehrman, "La revolución haitiana y la compra de Luisiana."

8. Thomas O. Ott, *La revolución haitiana, 1789–1804;* y

síntesis secundarias sobre el enlace de compra.

9. Aline Helg, "Simón Bolívar y la abolición de la esclavitud," *Diario de estudios de Latinoamérica*; Cartas de Bolívar desde Les Cayes.

10. Matthew J. Smith, *Libertad, Fraternidad, Exilio: Haití y Jamaica tras la Emancipación* (contexto del papel regional haitiano).

11. Frank Moya Pons, *La República Dominicana: Una historia nacional*; Anne Eller, *Soñamos juntos* (sobre La Española y la emancipación).

12. UNESCO, "La sopa Joumou de Haití" (2021)—Lista Representativa del Patrimonio Cultural Inmaterial de la Humanidad.

13. Frederick Douglass, "Conferencia sobre Haití" (1893, Exposición Mundial Colombina); Documentos de Douglass y registros del Departamento de Estado (1889–91).

14. John R. McKivigan (ed.), *Los papeles de Frederick Douglass*; Historias diplomáticas de Haití y Estados Unidos. sobre Môle-Saint-Nicolas.

Receta de Sopa Joumou
(La sopa de la libertad)

Porciones: 8–10 • Tiempo activo: 45–60 min • Tiempo total: 2 1/2–3 1/2
horas

Ocasión: Día de Año Nuevo (1 de enero) y ritos de recuerdo

Ingredientes

Fundación

- Calabaza o kabocha giraumon de 3 lb (1,35 kg) (pelada,
  con semillas, cortada en trozos de 1 1/2 pulgadas / 4 cm)
- 10 tazas (2,4 L) de agua o caldo sin sal, dividido
- 2 lb (900 g) de ternera para guiso (chuck o shank), cortados
  en cubos de 1 1/2 pulgadas / 4 cm
- 1 lima o 1/2 taza (120 ml) de vinagre (para enjuagar
  carne; opcional pero tradicional)

Epis (base de condimento haitiano)
- 1 cebolla amarilla grande, picada a grosor

- 6 cebolletas (cebolletas), picadas
- 1 pimiento verde, picado
- 6–8 dientes de ajo
- 1 manojo de perejil fresco (aproximadamente 1 taza / 30 g, picado)
- 4–6 ramitas de tomillo fresco (o 1 1/2 cucharaditas secas)
- 2 cucharaditas de sal kosher (más al gusto)
- 1 cucharadita de pimienta negra, recién molida
- 2 cucharadas de zumo de vinagre blanco o lima
- 2–3 cucharadas de aceite neutro (o aceite de oliva)

Mezcla hasta obtener una pasta. (Hace ~1 1/2 tazas / 360 ml. Reserva 1/2 taza para la sopa; el resto se conserva 1 semana refrigerado o 3 meses congelado.)

Aromas y verduras

- 2 cucharadas de mantequilla o aceite sin sal
- 2 puerros (partes blancas y verde claro), en rodajas
- 2 zanahorias, peladas y cortadas en rodajas
- 2 tallos de apio, en rodajas
- 1 nabo, pelado y picado
- 1 patata russet, pelada y cortada en troceos
- 1 chayote (mirliton), pelado y picado (opcional pero clásico)
- Media cabeza de col verde, cortada en grandes rodajas
- 1–2 pimientos Scotch bonnet o habanero, enteros (para dar aroma)

Pasta y Acabado

- 6 oz (170 g) de espagueti o pasta pequeña, cortada en trozos de 2 pulgadas
- 2 cucharadas de pasta de tomate
- 2–3 clavos (enteros) o 1/4 de cucharadita molidos
- 1 cucharadita de pimienta de Jamaica molida (Piment)
- 1/2 cucharadita de nuez moscada molida
- 1–2 cucharadas de salsa Maggi o de soja (opcional, al gusto)
- Sal y pimienta negra, para finalizar
    - Perejil fresco y hojas de tomillo para adornar
    - Gajos de lima frescos, para servir

Herramientas

Una olla grande y pesada (8–10 cuartos / 7,5–9,5 L), batidora y cucharón.

Método

1) Preparación y condimentos
    1. (Enjuague opcional) Enjuaga la ternera con zumo/vinagre de lima + agua; seca.
    2. Mezcla la ternera con 1/4 de taza (60 ml) de epis, 1 cucharadita de sal y 1/2 cucharadita de pimienta. Marinar 30 minutos (o toda la noche).

2) Haz la base de calabaza
    1. En la olla, mezcla calabaza y 8 tazas (1,9 L) de agua. Hierve

hasta que esté tierno, 20–25 minutos.

2. Retira la calabaza con una cuchara ranurada; mezcla con 2 tazas (480 ml) de líquido de cocción hasta que quede sedosa. Conserva el puré; guarda el líquido restante en la olla.

3) Dora la carne

1. En la misma olla, añade 1 cucharada de aceite y la mantequilla. Dora la ternera por todos lados, 6–8 minutos.

2. Añade 2 cucharadas de concentrado de tomate y 2 cucharadas de epis; cocina 1 minuto para caramelizar.

4) Prepara la sopa

1. Devuelve el puré de calabaza a la olla. Añade puerros, zanahorias, apio, nabo, patata, chayote, col, chaquet, clavo, pimienta de Jamaica, nuez moscada y el agua/caldo restante según sea necesario para obtener una consistencia suelta y líquida (unos 10–11 tazas / 2,4–2,6 L en total).

2. Caliente hasta que llegue a la ebullición; reduce a uns cocción suave. Cubre parcialmente y cocina entre 45 y 60 minutos, hasta que la carne esté tierna y las verduras blandas pero intactas. Retira la espuma que se forme.

5) Pasta y sazonado

1. Añade el espagueti cortado; deja cocer a fuego lento entre 10 y 12 minutos hasta al dente.

2. Sazona al gusto con sal, pimienta y salsa Maggi o de soja si la usas. Ajusta el grosor con un chorrito de agua caliente; la

sopa debe ser espesa pero líquida para poderla servir.

6) Sirve

Sirve en tazones anchos. Decora con perejil/tomillo y un chorrito de lima. Sirve caliente, al estilo familiar y con pan crujiente.